新能源物流车蓝皮书

2019版
中国新能源物流车发展报告

《中国新能源物流车发展报告》编委会
物流信息互通共享技术及应用国家工程实验室
上海谦鸣企业管理咨询

著

复旦大学出版社

内容提要

为推动各方对新能源物流车的关注和重视,本书以应用为核心, 分析、研究新能源物流车产业发展、政策标准、市场、产品技术、应用等。回答了新能源汽车技术、用车以及相关政策等问题。

本书由相关汽车产业和新能源物流行业的一线人员集体编写而成,编写中深入调研,希望从新能源物流车应用的多个维度和场景寻找信息源。我们尽量选择离实际应用更近的当事人,多数调研对象都是直接参与到新能源物流车实际应用中的人,如物流企业新能源汽车应用一线的中层经理人和车队长,大型运营商的区域负责人和服务方案设计者,小型运营商中那些既精明又善于撸起袖子快速解决实际问题的老板,等等。

本书努力站在新能源物流车发展的最新时点上,记录中国新能源物流车发展这一伟大进程,分析现状、问题和趋势,为产业的发展擎灯指路。

编委会成员

名誉主任 李书福 喻渭蛟 巩月琼 王振辉 张海莹
编委会主任 相　峰
副 主 任（按姓氏笔画顺序）
　　　　　　马增荣 左新宇 孙朝阳 林啸虎 孙　波
　　　　　　陈　荣 金　玮 杨国涛 廖晓华 郑洪波
　　　　　　何志强
主　　编 孙朝阳

副 主 编 孙国辉 陈　荣 耿　威
主要执笔人 孙朝阳 耿　威 何旭光 车兆麒
编　　委 周贤勇 何旭光 贺松文 李　科 鞠　明
　　　　　　刘　飞 单　俊 郑凌雄 李　杰 鲍永明
　　　　　　李庆欣 王　辉 闫淑君

专家顾问（按姓氏笔画顺序）
　　　　　　郑伟志 刘海军 汤成明 苏振华 李　佳
　　　　　　范永军 吴文斌 李　杰 杨　涛 张正安
　　　　　　陈明君 郑竞恒 龚　宇 王　军 夏　应
　　　　　　张旭辉 张　辉 许温爽 周光辉 李　宸
　　　　　　程国波 李建军 王向山 何　燕 张成龙
　　　　　　吴　勇 徐宏琦 袁　果 陈永亮 王　非
　　　　　　谷小猛 杨中格 黄卫东 林　俊 孔善宁
　　　　　　毛保国 邱错俊 刘进强 潘佳丽 褚浩然
　　　　　　杨　东 莫　润 吴群雄 王宁翔 闵照源

编委会成员单位

（按首字母排名）
北京京邦达贸易有限公司（京东物流集团）
北汽福田汽车股份有限公司
东风商用车有限公司
地上铁租车（深圳）有限公司
上海捷泰新能源汽车有限公司
上海谦鸣企业管理咨询合伙企业
物流信息互通共享技术及应用国家工程实验室
沄柏资本
圆通速递有限公司
浙江吉利新能源商用车有限公司
上海融和电科融资租赁有限公司
中国物流与采购联合会物流装备专业委员会

北京京邦达
贸易有限公司

京东集团 2007 年开始自建物流，2017 年 4 月 25 日正式成立京东物流集团。京东物流以降低社会物流成本为使命，致力于将过去十余年积累的基础设施、管理经验、专业技术向社会全面开放，成为全球供应链基础设施服务商。

目前，京东物流是全球唯一拥有中小件、大件、冷链、B2B、跨境和众包（达达）六大物流网络的企业。凭借这六张大网在全球范围内的覆盖以及大数据、云计算、智能设备的应用，京东物流打造了一个从产品销量分析预测，到入库出库，再到运输配送各个环节，无所不包、综合效率最优、算法最科学的智能供应链服务系统。

围绕"短链、智能、共生"，京东物流正携手社会各界共建全球智能供应链基础网络（GSSC），聚焦供应链、快递、供应链数字化产业平台三大业务板块，为客户、行业、社会提供全面的一体化的供应链解决方案，实现"有速度更有温度"的优质物流服务。

使命　　降低社会物流成本
愿景　　成为全球供应链基础设施服务商
企业价值观　　客户为先、诚信、协作、感恩、拼搏、担当
核心战略　　体验为本、效率制胜

北汽福田汽车股份有限公司

北汽福田汽车股份有限公司(简称福田汽车)成立于1996年8月28日,1998年6月在上海证券交易所上市。福田汽车以优质的产品和服务覆盖全球110个国家和地区,品牌价值已超1500亿元,连续15年蝉联商用车行业第一位,累计产销汽车887.1万辆,累计出口56万辆。

福田汽车集团已经形成了集整车制造、核心零部件、汽车后市场为一体的汽车生态体系,三大业务板块中共含23个品牌。整车业务中,福田汽车品牌12个、时代汽车2个,覆盖卡车、商务汽车、皮卡、客车、工程机械及环境装备、新能源汽车等六大业务单元。

未来,福田汽车将以科技引领智能与高效的汽车体验为愿景,在实现效率与可靠性的进程中不断驱动品质超越,连接高效汽车未来。至2025年,福田汽车将建设成为绿色、智能、高科技的全球化企业,成为中国商用车领导者、全球商用车主流品牌。

使命: 成就客户价值　创建奋斗者家园
愿景: 成为科技与品质领先的世界级商用车企业
核心价值观: 热情创新、高效务实、团队拼搏
核心经营理念: 聚焦价值　精益运营

东风商用车
有限公司

东风商用车有限公司起源于1969年成立的中国第二汽车制造厂,继承了东风品牌商用车事业的主体业务。东风商用车用"信赖、专业、全球科技"深耕制造工艺,不断开拓市场,赢得客户认可。东风商用车是中国领先的商用车品牌,正逐步建立覆盖全球的销售服务网络。

东风商用车在中国拥有独立的研发和生产基地,产品覆盖中重型卡车、发动机、驾驶室、车架、车桥、变速箱等关键总成。其产品为长途运输、区域配送、城际运输、建筑工程及采矿业服务,满足现代社会及未来运营需求。

2015年1月26日,东风集团与沃尔沃集团以55:45股比组成新的东风商用车有限公司,致力于将"东风"品牌商用车发展为全球知名品牌。

使命 自觉遵循国际通行的商德准则和价值判断,合法依规运营,主动履行社会责任,持续为社会贡献价值。

愿景 从中国的东风到世界的东风

核心价值观 信赖、可靠、智慧

地上铁租车
（深圳）有限公司

地上铁是一家专注于新能源物流车集约化运营的服务配套商，致力于为各大快递物流及城配企业提供一站式的新能源物流车队租赁及运营配套服务，业务涵盖新能源车应用解决方案、充维服务配套、运营支持等各种增值服务。地上铁本着为用户提供绿色可持续的产品＋服务的使命，连接产业链上下游，发挥各方优势，促进客户的新能源车队结构合理化，推动客户实际运营降本增效。

地上铁是中国最大的新能源物流车运营服务商，荣获"中国新能源汽车运营商优秀品牌""中国分享经济领军企业""中国新能源汽车行业最具投资价值奖"，以及中国新能源行业年度最佳服务商"金熊猫奖"等荣誉。

由地上铁牵头发起的"绿色中国-公益艺术计划"，围绕绿色、安全、环保三大主题，聚焦于绿色环保与新能源经济的持续发展，通过新能源汽车与艺术展览的结合，唤起公众对城市服务者的价值认知，和对绿色能源、交通安全的关注和思考。

做新价值的传递者，助力万物互联！

上海捷泰新能源汽车有限公司

上海捷泰新能源汽车有限公司于 2015 年 1 月在上海青浦成立，为上海科泰电源股份有限公司全资子公司。捷泰以新能源汽车运营平台为主体，依托母公司科泰电源，在兄弟公司精虹科技的资源、技术支持下，先后与中国长安汽车集团、中国东风汽车集团达成战略合作伙伴关系，共同打造集造车、售车、运营、基建以及电池梯次回收利用为一体的闭环式产业链条，进而向 B 端企业如中国邮政、京东网、圆通快递、韵达快递等客户提供新能源汽车销售、维保等服务。

捷泰新能源秉承"务实进取、环保节能、用心服务，助推绿色交通，为客户创造价值"的经营理念，致力于打造新能源汽车行业中专业的运营、销售、服务平台，为客户提供定制化的新能源车辆及其综合配套服务解决方案。

携手共创绿色未来！

物流信息互通共享技术及应用国家工程实验室

2017年5月12日，物流信息互通共享技术及应用国家工程实验室（物流信息国家工程实验室）正式揭牌。该实验室经国家发改委批复，由圆通速递牵头，与5家单位共建。

作为物流领域唯一国家工程实验室，物流信息国家工程实验以建设物流信息互通共享技术应用研究平台，支撑开展物流数据融合与分析、物流数据共享与开放、物流仓储运输配送智能协同等技术的研发和工程化为主要任务。

截至目前，物流信息国家工程实验已经完成智能物流装备研发8种，参与制定物流相关标准17项，申报专利35项，发表论文29篇，建设物流科技相关联合实验室16个，孵化创新创业公司2个，加快了破解物流快递业面临的瓶颈问题，助推行业创新转型的步伐。

沄 柏 资 本

沄柏资本是一家全球化综合性私募股权投资及资产管理平台,由前摩根士丹利中国证券业务首席执行官鲍毅先生,携手国际产投领袖,于2016年创立,在上海、北京、香港设有办公室,并与合作伙伴共同在全球重要市场设有分支机构。

沄柏资本以跨境协同和产投联动为核心发展策略,重点关注以中国经济发展、转型和升级为核心主题的相关投资机会,携手境内外产业和资本伙伴,投资重点行业优秀企业和项目,从而推动全球重要产业、经济体、资本市场间的协同和价值创造,为投资者实现优异的回报。沄柏资本战略合作伙伴网络涵盖全球各主要经济体,并通过与大型产业集团和地方政府通力合作,布局先进产业并在中国落地,培育高新科技,赋能传统行业。

沄柏资本目前基金总管理规模超百亿人民币,投资者来自海内外知名机构、企业和家族办公室。通过旗下所管理的基金,已在智能制造、新能源汽车,以及智慧出行、半导体、人工智能、医疗健康、国企混改等行业和领域完成了投资及战略布局。

圆通速递
有限公司

圆通速递有限公司,创立于2000年5月28日,现已成为一家集新快递物流、新零售、新科技、新航空、新金融等为一体的国内国际协同发展的大型集团。圆通始终坚持"客户要求,圆通使命"为服务宗旨,以人为本,以客户体验为中心,打造品质圆通、科技圆通、绿色圆通,构建圆通供应链生态命运共同体。

圆通是"中国民营企业500强""中国民营企业服务业100强""国家5A级物流企业",并获"全国交通运输行业文明单位""中国物流社会责任贡献奖"等荣誉。

由圆通牵头联合建立的物流领域首个国家工程实验室——物流信息互通共享技术及应用国家工程实验室,持续推动快递物流行业向科技化、智能化、绿色化快速发展。

世界因我们触手可得

浙江吉利新能源商用车有限公司

浙江吉利新能源商用车集团有限公司（吉利商用车）于 2016 年正式注册成立，是浙江吉利控股集团全资子公司，旗下拥有远程汽车和伦敦电动汽车两大品牌，聚焦新能源商用车的研发、制造、销售和服务领域，坚持新能源和清洁能源商用车的发展方向。

一个总部　负责对商用车产品技术研发、生产、采购和市场业务进行统筹组织与集团化的管理运营。

两大特色　一是乘用车基础上的商用车发展定位，二是全新、与众不同的以动力系统为核心的产品定位。

两大产品技术线路　一是以 e-GAPF 动力系统为核心的城市商用车产品技术路线，二是以甲醇清洁能源动力为核心的公路商用车产品技术路线。

两大研发中心　以集团乘用车研究院为依托，形成了中国杭州和英国考文垂两大商用车产品研发中心，负责乘用车技术基础上的智能化节能减排商用车产品的研发。

五大产品品系　轻商系列、重卡系列、皮卡系列、客车系列、伦敦电动汽车 TX 系列。

上海融和电科融资租赁有限公司

上海融和电科融资租赁有限公司（融和电科）成立于2019年9月，是外合资融资租赁企业，由中电投融和融资租赁有限公司（融和租赁）、香港时代新能源科技有限公司、上海融青企业管理合伙企业（有限合伙）、云南能投资本投资有限公司、华菱星马汽车（集团）股份有限公司共同出资组建。公司经营范围为融资租赁业务、租赁业务、向国内外购买租赁财产、租赁财产的残值处理及维修、租赁交易咨询和担保，以及与主营业务有关的商业保理业务。

融和电科的前身为融和租赁新能源汽车事业部，是融和租赁布局新能源交通领域的重要战略板块。融和租赁经过5年多的发展，以综合实力和专业价值保持国内融资租赁行业领先地位。已在新能源车辆运营、车联网、核心零部件及智能驾驶等领域深度布局，并成功研发全球首款智能驾驶换电重卡、智能电动驾校车等产品。公司是中国交通运输协会副会长单位、中国新能源汽车推广应用联盟首任"轮值主席单位"、上海市租赁行业协会会长单位，持有中诚信、新世纪AAA级境内最高主体评级。

面向未来，融和电科将以"让交通更绿色，让生活更美好"为使命，聚焦产业、金融、科技的融合，以"绿色交通和科技产融的引领者"为愿景，横向拓展新能源车辆、电动船舶、电动工程机械、充换电设施等业务板块，纵向挖掘融资租赁、经营性租赁、研发销售、运营服务、智能网联、电池梯次利用等综合产融服务价值，打造高质量发展的新引擎、一体化发展的新标杆、创新型发展的新样板，助力长三角生态绿色一体化发展示范区建设，以创新引领综合智慧能源与新能源智慧交通发展新趋势。

中国物流与采购联合会
物流装备专业委员会

中国物流与采购联合会物流装备专业委员会（装备委）系隶属于中国物流与采购联合会的专业分支机构。装备委根植于联合会近万家物流企业会员，拥有物流技术、装备等广大客户资源，并充分发挥这一优势，为运输、仓储、包装、装卸搬运、流通加工、信息服务等物流环节的不同专业门类的装备企业提供综合性的行业服务。装备委既是物流装备企业交流合作的平台，又是全国物流行业采购和交流现代物流技术装备的桥梁和通道。

序言 1　Foreword

"后补贴"时代，新能源物流车将变中求胜

经过编委会及研究团队一年来深入走访调研与辛勤笔耕，《中国新能源物流车发展报告 2019 版》最终呈现于各位读者眼前。"后补贴"时代，新能源物流车究竟将何去何从？这是本报告在 3R（Real Data，真实数据；Real Problem，真实问题；Real Solution，真实解决方案）视角下，所要探究的主要问题。

在过去的一年中，补贴力度显著减弱、电池续航里程要求提升、市场销售整体下滑、用户更加关注性价比……正如我们曾预见的一样，2019 年新能源补贴退坡政策正式出炉，使得整个新能源汽车产业仿佛失去了往日的"生机"——多家明星上市公司业绩出现下滑，上游的原材料行业也受到显著冲击。在供给侧改革的宏观背景下，随着我国新能源汽车产业规模迅速扩大，国际贸易环境趋于复杂，财政补贴逐渐走向了尽头。吃奶的婴儿终归要断奶，依赖补贴存活的低端企业注定要被淘汰，如何赢得市场才是存活的关键。我国新能源物流车产业正从原来一味追求规模扩大，向提供高性价比产品和服务，以及提高发展质量和效益为中心转变。新能源汽车业在政策驱动下艰苦发展数年，当面临釜底抽薪式补贴"断奶"后更是举步维艰。不得不说，包括新能源物流车在内的整个新能源汽车行业正面临严峻考验！

但是，我们也应该看到，近年来电商、快递业的爆发式增长，显著拉动物流相关产业发展。作为社会刚需的物流和快递业迅速发展的同时，也带来一系列诸如资源浪费、空气污染、效率低下等问题。而新能源物流车作为一股变革性力量，已成为各大物流和快递企业践行绿色物流理念的最佳选择。日前，十八部委联合发布的《关于认真落实习近平总书记重要指示推动邮政业高质量发展的实施意见》中提出，加快推进城市建成区新增和更新的邮政、快递车辆采用新能源或清洁能源汽车，2020 年底重点区域使用比例达到 80%。交通运输部办公厅出台《关于公布城市绿色货运配送示范工程创建城市的通知》，促进配送资源共享化、配送过程绿色化、配送流程智能化、配送环节标准化，鼓励核心城市构建集约高效的绿色配送体系，以缓解城市交通拥堵，促进物流业降本增效。2019 年 3

月,八部委联合下发《在部分地区开展甲醇汽车应用的指导意见》,大力倡导甲醇汽车产业的合理布局,保持我国甲醇汽车及相关产业在产品、技术及专用装备领域的国际领先地位,促进绿色循环低碳发展。各省市也纷纷出台针对本地新能源物流车的补贴政策和路权优先规定,让行业相关企业在"寒冬中"看到了希望,也让绿色物流理念能够逐步落到实处。

可持续发展是全球共识,是保护生态环境与应对全球气候变化的重大战略,也是经济活动的一大准则。在国家倡导绿色物流理念,要求相关行业降低环境污染、减少资源消耗的背景下,中国物流和快递企业正在通过使用新能源物流车、循环包装、电子面单等一系列手段来为绿色化贡献自己的力量。我国交通运输物流业是能源消耗的主要行业之一,每年需要消耗全中国大约 91.2% 的汽油和 63% 的柴油,位居各行业之首。在中国现有的农业、工业、建筑业、商业服务业和交通运输业这五大行业中,只有交通运输业的污染物排放强度出现了持续上升的趋势,位居各行业首位。改进物流业能源消耗结构,降低对化石能源的依赖迫在眉睫。要想改变我国目前环境质量,切实履行我国的相关减排承诺,就必须将物流业作为控制污染物的一个重要节点,充分发挥新能源物流车在节能减排上的优势,减少以往柴油、汽油内燃机对整个社会机体造成的污染,通过新技术、新模式、新政策为物流和快递行业注入绿色动力。

这两年,政策的频繁变动影响了新能源物流车产业链中的部分企业经营预期。由于补贴退坡幅度明显超过电池成本降幅,对比传统燃油车,新能源物流车价格竞争力下降,造成产业发展动能减弱,不少企业经营面临挑战。与此同时,物流和快递业因竞争加剧而更加关注成本,导致新能源物流车运营商与车企处于两难境地。《中国新能源物流车发展报告 2019 版》在去年版本报告的基础上,仔细研究了 2018~2019 年新能源物流车出现的市场变化、政策调整、技术突破以及模式创新等行业问题,致力于为新能源车产业及相关政府单位提供参考范本,在"定标准、找政策、推应用、促发展"的思路引导下,助力广大从业者在市场振荡期能够拨云见日,科学决策,找到自己的定位与发展方向。

整个 2019 年,中国汽车产业都驶于崎岖地带,市场困难并非新能源物流车独有,出路还是在于变革创新、变中求胜。可以说,新能源物流车产业是中国汽车制造与物流服务紧密结合的一个领域,汇集了一批来自传统汽车、物流业以及金融、科技等多个领域的先进人才,得到了各级政府、行业组织、环境保护团体的大力支持。目前仍然在新能源物流车领域坚守的企业家具备了勇敢、毅力、远见和锐意等优秀品质,他们终将带领整个行业找到突破口,变中求胜。本书集合这批跨界融合的优秀人才、学者的严谨理论,企业家的实操经验,管理者对政策的权威解读,以及一手案例、可靠数据,在编纂者最大的能力范围内向社会大众呈现出行业发展全貌,力争为新能源物流车推广应用做出应有的贡献。

在此,我代表编委会向参与编著本书的物流信息互通共享技术及应用国家工程实验室、谦鸣咨询、中国物流与采购联合会、吉利汽车、福田汽车、东风商用车、京东物流、捷泰新能源、地上铁、沄柏资本、国家电力投资集团等单位的诸位同仁表示由衷的感谢!

本书的出版并不是我们研究团队工作的结束,相反,它标志着一个新的起点。虽然新能源物流车近年来得到一定发展,但总体而言,占整个物流车市场比重不足5%,距离高度践行绿色物流理念及实现十八部委设定的目标仍有极大的提升空间。未来整个新能源物流车产业的发展终究要让市场来决定,我们期望通过行业同仁的共同努力,让中国的物流和快递业可以更快地实现运输工具节能减排,让新能源汽车产业更能适应用户的需求,开发出更好的车型,开辟更大的市场空间,从而推动中国城市配送、快递等行业由三轮车向机动车时代的升级;我们还期望各级政府能够重视新能源物流车的研发和推广,及时全面地放开路权,让更多新能源物流车成为绿色中国的象征,让我们的物流更高效,生活更美好!

物流信息互通共享技术及应用国家工程实验室主任

相 峰

2019 年 11 月与上海

序言 2 | Foreword

新能源汽车产业是中国经济转型增长的发动机，也是绿色发展的催化剂，更是国家能源安全的基石。在以财税补贴为主的政策拉动下，以物流车为主的新能源商用车产业高速发展，新能源物流车走过了一条从无到有、从粗到精、从强制推广到逐步替代燃油车的发展之路，为保护生态环境做出了巨大贡献。

高速增长也伴随着问题，我们更应关注新能源汽车面临的挑战：配套设施尚不完善、产品质量参差不齐、技术水平有待提高、产品价格居高不下。随着补贴政策的退出，行业将进入以市场为主要驱动力的后补贴时代，回归到厂家产品、技术实力的市场竞争原点，这需要所有厂家将场景化深入研究、精准定义需求、核心模块匹配、与智能网联、轻量化等技术相结合，实现新能源汽车的安全、环保、可靠、智能、高效。

我们相信，城市物流车新能源化的方向已经确立，且随着技术的进步和成本的降低，以纯电动为主的新能源产品对于传统动力物流车的替代性越来越强，新能源物流车的发展空间巨大。可以说《中国新能源物流车发展报告 2019 版》的出版正当其时。

本书聚焦新能源物流车领域，深入剖析行业形式及面临的问题，从政策、市场、技术、场景、基础设施、投融资等方面进行了阐述与分析，基于大量走访、调研基础的总结提炼，结论客观、清晰，对制定新能源汽车的产品战略及规划有较好的借鉴、指导意义，希望每一位新能源汽车的从业者都能读到这本书，并从中获得启发，为我国的新能源汽车发展做出贡献。

北汽福田汽车股份有限公司总经理
巩月琼
2019 年 12 月于北京

序言 3 | Foreword

　　近年来，随着国家政策的推动和市场的逐步发展，中国的新能源汽车产业经历了快速的成长。在乘用车方面，八仙过海，有新造车团队风起云涌，也有传统车厂奋起直追。大家比的是宣传、造型、驾乘感受、舒适度、用户服务，资本一浪高过一浪，市场热闹得不得了。但从投资角度来看，新能源物流车领域就冷清了不少。大家觉得物流车进入门槛比乘用车要低，竞争过于激烈。而物流企业对于新能源物流车的要求无非就是降本增效，在这个领域里比较难挖掘吸引投资人的概念。

　　中国过去四十余年的经济高速发展，实在是离不开一个为原材料和产成品所提供的流通周转服务的巨大的物流产业。而过去二十年中国电商产业的蓬勃发展，更是离不开廉价高效的城市快递服务。但随着中国经济的增长，人工成本持续上升，碳排放的要求日趋严格，大型城市开始限制传统燃油物流车进城。作为生产工具，新能源物流车是否可以帮助物流企业度过难关？或者说，我们到底需要一辆什么样的新能源物流车？

　　2018年，在物流信息互通共享技术及应用国家工程实验室（国家工程实验室）主任相峰先生牵头之下，十几家中国新能源汽车整车厂、物流业的领导者和国家工程实验室、专业委员会济济一堂，推出了《中国新能源物流车发展报告》。这个报告全方位地梳理了新能源物流车及其应用，从业者的角度，就产品、市场、应用场景、面对的问题和政策等，进行了观察并提出了思考。这也是国内业界第一次把生产者、使用者和行业组织聚集在一起，进行的一个非常有意思的尝试。

　　2019年新年一过，队伍又进一步扩大了，大家一起撸起袖子，干劲十足地开始准备2019版的发展报告。在报告的准备过程中，团队进行了大量而深入的一线调研，被调研的单位也是知无不言，言无不尽，故而这本报告汇集了丰富的一手资料，对于掌握目前中国新能源物流车产业及其应用具有很大的参考价值，并希望可以为相关政策的制定提供依据。本次报告的形式较前一版有所不同，一上来先从问题说起，然后分析产业和市场、产品技术、应用、基础设施、投融资，由著而微。

我们编制这本发展报告的目的是什么,或者说应该如何使用这本发展报告呢?首先,这是一本年鉴,会把每年的产业实况记录下来。我们若干年后再回头看时,这将是一套中国新能源物流车发展的编年史,通过前后对照,能掌握产业发展的清晰脉络。其次,发展报告从产业参与者的角度,发现问题,提出建议,从政策和标准制定的层面,推动产业的有序健康发展。

　　但更重要的是,我们是否可以借此机会提出一些有意思的问题。比如,为什么现在的新能源物流车不光"长得"和传统物流车一模一样,结构也都差不多?未来的物流车会是什么样子的?作为终端用户的物流企业,需要一辆什么样的新能源物流车?物流车除了能运货以外,还能做些什么?我们能否提出一个新能源物流车的"标准模型",从技术参数和经济指标上构想出当下的最优方案?当然限于篇幅,我们的发展报告不可能成为百科全书式的作品。但我们希望能以这本报告为契机和平台,吸引、发动更多的朋友参与到思考、互动中,为中国的新能源物流车的发展出谋划策,出一份力。

　　在此,我们要特别感谢相峰先生和孙朝阳先生的大力付出,以及各成员单位的心血!由于他们的努力才使得今天这本 2019 版的发展报告能和大家见面。

　　孙朝阳先生嘱我为序。学疏才浅,勉强为之。

沄柏资本　陈荣
2019 年 12 月于上海

前言 | Preface

在近十年来,中国新能源物流车的发展一直被新能源客车和新能源乘用车所掩盖,没有受到应有的关注。为推动各方对新能源物流车的关注和重视,我们于2018年推出了《中国新能源物流车发展报告》蓝皮书系列。近一年来,我们欣喜地看到,2018年开展的"打赢蓝天保卫战三年行动计划""城市绿色货运配送示范工程",2019年开展的"柴油货车污染治理攻坚战行动计划",以及发改委发布的《推动物流高质量发展 促进形成强大国内市场的意见》,在污染严重的城市群区域和高能耗、高排放、高污染的传统物流车领域引起强烈反响,主要应用于城市配送的新能源物流车逐渐成为关注的焦点。可以预见,在今后几年内,中国的新能源物流车将得到很大的发展。

《中国新能源物流车发展报告》蓝皮书系列之宗旨,就是站在新能源物流车发展的关键时点上,逐年记录中国新能源物流车发展的伟大进程,分析现状、问题和趋势,为产业的发展擎灯指路。本书是第二册,涵盖2018年6月至2019年6月的发展状况。

本书系的特点是,强调以应用为核心,从产业、政策标准、市场、产品技术、应用等多个方面,对产业发展进行分析、研究和趋势判断。2019年,我们深入地调研,努力从新能源物流车应用的多个维度和场景寻找信息源。因为信息源的可信度影响了信息质量,决定了观察到的结果。我们更倾向于直接调研行业的当事人,而不是观察者。在选择调研对象时,尽量选择离实际应用更近的当事人。因此,多数调研对象都是直接参与新能源物流车实际应用的人,他们或者是战斗在物流企业新能源汽车应用一线的中层经理人和车队长,或者是大型运营商的区域负责人和服务方案设计者,或者是小型运营商中那些既精明又善于撸起袖子快速解决实际问题的老板,或者是车企的产品规划经理或市场经理,或者是各城市新能源物流车推广机构的业务干部,或者是基础设施运营商中开拓新能源物流车业务的中层干部。新能源物流车在市场上的应用表现直接而且深刻地影响着他们的工作和生活。他们绝大多数的工作时间都在应用场景或市场中度过,他们不在顶端决策层,但却对政策十分了解;他们也不在基层,但却对下面发生的一切了如指掌。我们惊讶于他们对行业应用状况的细节把握,钦佩他们脚踏实地的干劲和惊人的创造力。在此,对所有参与和帮助调研的诸君表示诚挚的感谢!

本书共有六个章节及附录,读者可以阅读图1-4(中国新能源物流车的生态体系)来掌握各部分内容的结构和相互关系。第一章阐述了新能源物流车市场的独特性和重要性,根据新的市场应用趋势介绍了清洁能源汽车,描述了新能源物流车产业的发展阶段、生态体系和发展驱动力;分析了新能源物流车的市场规模、结构、竞争格局和细分市场。第二章重点介绍了技术路线,结合市场的新动向,将技术路线的范畴扩大为清洁能源汽车,包括纯电动物流车、增程式物流车、插电式混合动力物流车、氢燃料电池物流车、直接甲醇燃料电池物流车、储能式无轨电动汽车和甲醇等清洁能源物流车技术,并对多种技术路线进行了优劣势分析。第三章分析了应用场景的特点、重点应用领域的应用情况,回答了"谁在用车""用什么车""用起来怎么样""出现了哪些问题"和"如何解决问题";总结了主机厂关心的营销模式;分析和总结了代表性城市的应用推进情况和经验,以供其他城市参考。第四章分析了充电基础设施的相关政策体系,综述了充电技术与标准情况,分析了充电基础设施的发展现状,分析了充电运营商的现状,研判了充电运营商的趋势,总结了现场的主要问题和相关建议。第五章从投资标的、投资机构、投资热点角度分析了2019年新能源汽车相关的投融资情况;对比分析了国内传统车企的新能源汽车研发投入情况。第六章分析和总结了补贴退坡和后补贴时代的政策变化、面临形势和存在的问题;分析了未来新能源物流车发展的趋势,提出了后补贴时代的具体政策建议和企业发展建议。

相关政策标准制定者及各城市相关政府主管部门的领导干部,可以直接阅读第六章中的当前形势和问题、第三章中的城市绿色货运配送试点推进情况和第六章中的政策建议。车企、运营商的读者,可以针对性地阅读相关章节,获得对产业与市场、形势与问题、产品技术、应用场景和领域、城市应用情况、营销模式、趋势与建议方面的最新第一手数据和观点。投资者可以阅读第五章,了解投资热点和机会。基础设施建设和运营方可以阅读第四章。

本书的写作建立在最基础的研究之上,其中包括来自全国各地的访谈。这里,对近100位受访人士致以深深的谢意!他们贡献了宝贵的时间,提供了很多数据,还为研究指出了一些新的方向。没有他们的慷慨帮助,这本书是不可能问世的。他们的名单列在本书的专家顾问中。

特别感谢几位直接帮助本研究和写作的人。首先是才华横溢又平易近人的相峰君,他领导物流信息互通共享技术及应用国家工程实验室,对于本书系概念的形成和发展起到了不可估量的作用;感谢中国物流与采购联合会物流装备专业委员会的左新宇、王辉和闫淑君通过新能源物流车应用推广工作组所给予的支持和帮助!感谢各位编委会的主任、副主任和专家顾问,以及他们所代表的支持单位,没有他们的行业情怀、开放心态、专业精神、无私支持,就没有这本书。感谢何旭光和耿威等执笔人的专业精神和严谨态度!感谢马雪霖、何一凡、周海晶、朱梦迪和沙恒坚参与访谈和资料收集!感谢龚宇博士对手稿提出了很多建议!

上海谦鸣企业管理咨询
孙朝阳
2019 年 10 月于上海

目录 | Contents

第一章　产业与市场　　001
1.1　物流业与物流车产业 / 001
1.2　清洁能源汽车 / 006
1.3　新能源物流车产业 / 007
1.4　新能源物流车市场 / 010

第二章　产品技术　　017
2.1　技术路线介绍 / 017
2.2　产品与技术表现 / 046
2.3　发展趋势及解决方案建议 / 053

第三章　应用　　056
3.1　应用场景概述 / 056
3.2　重点领域应用情况 / 074
3.3　营销模式 / 079
3.4　城市绿色配送试点推进情况分析 / 082
3.5　创新应用案例 / 092

第四章　基础设施　　101
4.1　基础设施相关政策体系 / 101
4.2　充电技术与标准综述 / 111
4.3　基础设施的发展现状 / 114
4.4　充电运营现状和趋势 / 118
4.5　现存主要问题和建议 / 125

第五章　投融资分析　127

  5.1　投资标的 / 128

  5.2　投资机构 / 135

  5.3　2019 年投资热点 / 139

  5.4　国内传统车企的新能源汽车研发投入情况 / 142

第六章　形势、问题、政策建议和趋势　143

  6.1　面临形势 / 143

  6.2　存在问题 / 145

  6.3　政策建议 / 150

  6.4　新能源物流车发展趋势 / 155

附录 A　名称解释　157

附录 B　2018～2019 年政策变化和解读　161

附录 C　纯电动轻卡和传统柴油轻卡 TCO 对比　165

附录 D　各地新能源物流车政策汇编目录　172

附录 E　2019 年中国绿色车队　175

附录 F　国家电投换电重卡及应用介绍　176

第一章 产业与市场

1.1 物流业与物流车产业

物流业作为我国现代化经济体系中的基础性、战略性、先导性产业,是新能源汽车应用的关键领域。当前,以美国为代表的发达国家通过降低税费和提升产业效率,不断降低产业综合成本。印度、越南等发展中国家则利用其人力成本较低的优势,试图取代我制造业大国的地位。这一产业发展的资源争夺战中,我国物流业快速发展,不仅为经济发展提供新动能,而且有效降低了产业组织成本和经济运行的综合成本。可以预见,未来五年,物流业将迎来新一轮大发展,新能源物流车发展前途无量。

1. 中国的公路货运市场的地位和规模

根据中华人民共和国交通运输部发布的《2018 年交通运输行业发展统计公报》,到 2018 年年底,中国铁路营业里程 13.1 万公里,其中高铁营业里程 2.9 万公里;全国公路总里程 484.65 万公里,其中高速公路里程 14.26 万公里。

在我国公路货运是货物运输的主要方式,伴随着中国高速公路、城市道路的飞速发展,公路货运在物流业中发挥着越来越重要的作用。《2018 年国民经济和社会发展统计公报》(中华人民共和国国家统计局发布)数据显示,2018 年全年货物运输总量 514.6 亿吨,比上年增长 7.1%。货物运输周转量 205 451.6 亿吨公里,增长 4.1%。公路货运量 395.9 亿吨,占货物运输总量 76.9%,比上年增长 7.4%。

2. 什么是物流车

物流车是指用于公路货物运输的运载工具。我国公路货运占货物运输总量的 76.9%以上,作为公路货运的主要工具,物流车市场规模非常庞大,车型种类

表 1-1　2018 年各种运输方式完成货物运输量及其增长速度

指标	单位	绝对数	比上年增长(%)
货物运输总量	亿吨	514.6	7.1
铁路	亿吨	40.3	9.2
公路	亿吨	395.9	7.4
水运	亿吨	69.9	4.7
民航	万吨	738.5	4.6
管道	亿吨	8.5	5.4
货物运输周转量	亿吨公里	205 451.6	4.1
铁路	亿吨公里	28 821.0	6.9
公路	亿吨公里	71 202.5	6.6
水运	亿吨公里	99 303.6	0.7
民航	亿吨公里	262.4	7.7
管道	亿吨公里	5 862.0	22.5

数据来源:《中华人民共和国 2018 年国民经济和社会发展统计公报》

繁多。中国物流用车主要为卡车和客厢式货车。根据行业分类,卡车主要分为重型卡车、中型卡车、轻型卡车、微型卡车;客厢式货车主要分为轻客和微面。中长途运输物流车主要是中重卡,车型具体包含载货车、牵引车、中置轴车型;短途运输的物流车主要是轻卡、微卡、轻客、微面等。根据中国新能源汽车发展的现状,新能源物流车在中国主要覆盖轻型卡车、微型卡车、轻客、微面。

表 1-2　中国物流用车类型

微面车型	轻客车型	微型卡车	轻型卡车	中型卡车	重型卡车

←———— 当前新能源物流车的主要应用车型 ————→

资料来源:谦鸣咨询

> **背景资料** 我国现有的车辆统计口径中,主要按照乘用车和商用车来分类,其中商用车又分为客车和专用车。实际使用中,物流车范畴涵盖了绝大部分专用车和大量的属于乘用车类的客厢式货车(微面类和轻客类货车)。本书系的相关数据,是将微面类和轻客类货车纳入物流车的统计口径中,以反映物流车的实际应用情况。

3. 物流车拥有量

中国物流车辆拥有量持续增长,构成上呈现集约化、标准化趋势。国家统计局数据显示:2018年中国民用载货汽车拥有量2 567.8万辆,2017年为2 338.8万辆。其中,《2018年交通运输行业发展统计公报》显示,2018年年末全国拥有营运载货汽车1 355.82万辆,比2017年下降0.9%;12 872.97万吨位,增长9.3%。普通货车816.76万辆,下降9.5%;4 791.21万吨位,下降1.6%。专用货车52.63万辆,增长13.8%;547.59万吨位,增长9.7%。牵引车237.67万辆,增长14.7%。挂车248.76万辆,增长17.2%。

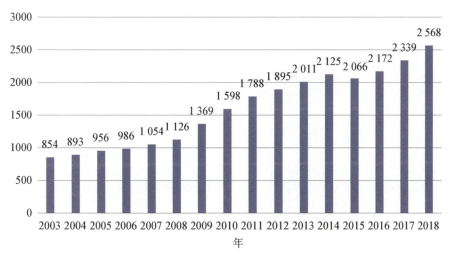

图1-1 2003～2018年民用载货汽车拥有量(单位:万辆)

数据来源:中国国家统计局

4. 物流车拥有量省市分布

2017年民用载货汽车拥有量排名前5的省市与2016年保持一致,山东、广东、河北、河南、浙江的载货汽车拥有量分别为210.72万辆、196万辆、174.34万辆、144.63万辆、124.53万辆。

表 1-3　2017 年中国民用载货汽车拥有量(单位：万辆)

地区	载货汽车	其中			
		重型	中型	轻型	微型
全国	2 338.8	635.4	130.7	1 566.3	6.5
山东	210.72	66.87	8.39	135.16	0.30
广东	196.00	33.25	11.81	148.49	2.45
河北	174.34	61.71	4.58	107.78	0.28
河南	144.63	48.57	4.22	91.65	0.19
浙江	124.53	20.27	4.17	99.18	0.91
江苏	105.65	42.41	11.46	51.70	0.07
安徽	99.79	34.74	2.88	62.07	0.10
四川	95.97	22.39	7.72	65.81	0.06
云南	94.43	13.71	7.76	72.94	0.03
辽宁	90.19	28.72	4.66	56.73	0.09
湖北	74.32	17.90	5.86	50.51	0.05
广西	68.45	16.75	6.00	45.35	0.35
福建	68.35	11.51	2.12	54.47	0.24
湖南	66.92	13.88	5.16	47.83	0.06
江西	65.13	21.15	4.20	39.75	0.04
山西	63.94	26.76	1.29	35.57	0.31
黑龙江	61.07	18.13	4.50	38.34	0.10
新疆	60.24	14.76	3.41	41.98	0.09
贵州	56.49	8.01	4.17	44.30	0.01
陕西	56.04	16.62	2.95	36.41	0.06
内蒙古	55.97	16.81	1.65	37.38	0.13
甘肃	51.86	9.78	3.06	38.99	0.03
吉林	41.29	13.24	2.06	25.93	0.06
重庆市	40.26	12.15	2.88	25.23	0.00
北京市	36.67	7.11	3.00	26.42	0.13

续表

地区	载货汽车	其中			
		重型	中型	轻型	微型
天津市	31.94	6.46	1.13	24.12	0.23
上海市	30.81	18.29	4.97	7.55	0.00
宁夏	28.39	6.36	0.93	21.07	0.04
青海	16.17	2.98	0.76	12.41	0.02
海南	14.32	1.49	1.17	11.65	0.02
西藏	13.98	2.63	1.78	9.52	0.06

数据来源：中国国家统计局

5. 物流车拥有量结构

根据国家统计局的数据，从构成上看，民用载货汽车拥有量中，轻型卡车、重型卡车的比重不断提高，中型卡车、微型卡车的占比持续下降。这反映出中国公路运输向着集约化、标准化的方向发展，轻型卡车将主导城市物流，重型卡车则会进一步占据更多的省际干线运输。

图1-2 2003~2017年民用载货汽车拥有量各车型占比

数据来源：中国国家统计局

6. 物流车销量结构

2018年，货车销量中微型、轻型、中重型卡车均呈现增长趋势，其中微型车销量达 125.5 万辆,同比增长 3.6%;轻型车销量达到 86.8 万辆,同比增长 5.6%;中重车型销量达到 106 万辆,同比增长达 2%。2018 年微型车、轻型车、中重型车占比分别为 40%,27%,33%。

图 1-3　物流车销量结构(单位:万辆)

数据来源:新车上牌和保险数据
注:微型车(GVW≤3.5 t)、轻型货车(3.5 t<GVW≤12 t)、中重型货车(GVW>12 t)。

1.2　清洁能源汽车

随着能源危机加剧与生态环境保护趋严,全球范围内汽车产业迈向清洁能源化是不可逆转的重要趋势。围绕这个趋势,我国先后出现了不同的清洁汽车、节能环保汽车、新能源汽车、清洁能源汽车等定义范围。充分调研论证和征询各界意见,并系统、客观、全面考虑定义范围和运用情况,结合国家鼓励能源结构多元化的核心要求、产业发展的实际需求和相关各界人士的常见困惑,明确了清洁能源汽车和新能源汽车的范畴定义。

清洁能源汽车的范畴包括新能源汽车和清洁替代燃料汽车。新能源汽车通常指采用非常规的车用燃料作为动力来源(或使用常规的车用燃料、采用新型车载动力装置),综合车辆的动力控制和驱动方面的先进技术,技术原理先进,具有新技术、新结构的汽车,具体包括纯电动汽车、增程式电动汽车、插电式混合动力汽车、燃料电池汽车、氢动力汽车、其他新能源汽车等。然而,近些年随着中国关于新能源汽车补贴政策的推出与引导,行业内普遍将之定位于纯电动汽车与插电式混合动力汽车。

清洁替代燃料汽车是以清洁燃料取代传统汽油的环保型汽车的统称。这可采用各类技术,有效降低汽车的能源消耗和尾气中有害物质的排放,使得使用中对环境的影响大为降低。简单说,除了一般意义上的新能源汽车外,天然气汽车、甲醇燃料汽车、乙醇燃料汽车、太阳能汽车等多种带有环保特质的汽车,都属于清洁能源汽车。

按照上述定义,国六标准及以上的汽车不属于清洁能源汽车。天然气汽车、甲醇燃料汽车属于清洁能源汽车。

背景资料 2017年国务院《政府工作报告》提出"坚决打好蓝天保卫战,鼓励使用清洁能源汽车",首次将新能源汽车修正为清洁能源汽车。政府到底给企业在释放怎样的信号呢?首先,我国新能源汽车发展的技术领域将更为多元化和均衡性,除了电能,还包括了氢、天然气、甲醇等技术方向。如果以电的来源为依据,电能也不能完全称为清洁能源,我国70%的电都来自于火力发电。鼓励纯电动车的发展意味着电能的消耗量更大,煤炭发电污染更严重。其次,鼓励新能源汽车动力更加清洁化,引导企业以"清洁了多少"作为提升新能源汽车效能的主要方向,真正实现新能源汽车的清洁化和可持续发展。"是否清洁""清洁多少"不能只看表面,关键还得看动力的源头和终端。比如,目前国内纯电动车中的电均为电网供电,而电网又依赖于煤炭发电。锂电池在生产和回收的过程中也会对环境造成极大的风险。由此可见,提出"清洁能源汽车"是政府在呼吁社会要看到污染的本质,并鼓励企业坚持可持续发展理念。

背景资料 清洁能源的准确定义是,对能源清洁、高效、系统化应用的技术体系。含义有3点:第一,清洁能源不是对能源的简单分类,而是指能源利用的技术体系;第二,清洁能源不但强调清洁性同时也强调经济性;第三,清洁能源的清洁性指的是符合一定的排放标准。

1.3 新能源物流车产业

1. 产业生态体系

中国新能源物流车已经形成了较为完善的生态体系,其中电池供应商和用户是核心环节,零部件配套体系对行业发展的制约逐渐呈现。

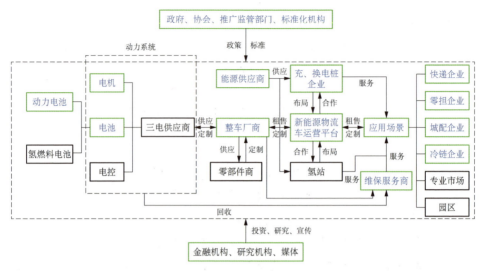

图1-4 中国新能源物流车的生态系统

2. 产业发展阶段

中国新能源物流车现处于成长阶段,但正在经历补贴退坡的阵痛调整。

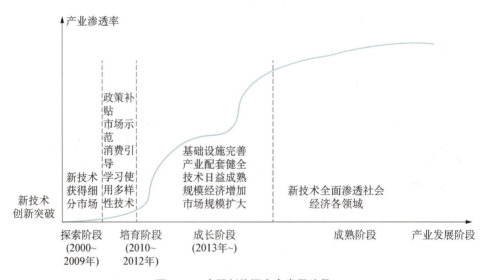

图1-5 中国新能源汽车发展阶段

资料来源:谦鸣咨询《中国新能源物流车发展报告2018版》

3. 补贴退坡和后补贴时代

（1）补贴退坡时代（2017~2020年）

从2016年开始,国家开始确定了新能源汽车的补贴退坡机制,2017年新能源补贴政策开始大幅退坡,纯电动乘用车和客车的国家补贴分别降低20%和40%以上,地补上限由中央补贴的100%下降到50%。2019年,财政部官方网站公布了《关于进一步完善新能源汽车推广应用财政补贴政策的通知》（财建[2019]138号）,2019年补贴标准在2018年基础上平均退坡50%,至2020年底前退坡到位,2020年以后补贴将会正式退出。从表1-4可以看出明显的下降。

表1-4 2017~2019年国家对新能源货车的补贴情况

2017		2018		2019	
电池总储电量	补贴金额（元/kWh）	电池总储电量	补贴金额（元/kWh）	车辆类型	补贴金额（元/kWh）
q≤30	1 500	q≤30	850	纯电动货车	350
30≤q≤50	1 200	30≤q≤50	750	插电式混合动力（含增程式）货车	500
q>50	1 000	q>50	650		
补贴上限（单位：万元）	15		10		按照车辆类型和最大设计总质量规定不同的上限,最高不超过5.5万元

（2）后补贴时代（2021年起）

后补贴时代是指国家取消新能源购置补贴后,新能源汽车发展从政策驱动进入市场驱动为主、政策支持为辅,并逐渐过渡到完全依靠市场驱动的新阶段。后补贴时代前期仍然需要政策的支持,保证市场平稳过渡。

4. 后补贴时代的产业发展驱动力

2020年后新能源物流车发展的驱动力主要来自于3个方面。

（1）政策驱动

政策驱动主要包括路权、运营补贴、免征购置税、新能源商用车积分管理、燃油车限购、充电等基础设施建设补贴等政策、制度,其中最主要的是路权政策、燃油车限购和新能源商用车积分管理政策,这些政策将有力带动新能源物流车的发展。节能与新能源商用车的积分管理制度正在制定中,预计2021年实施。将商用车划分为货车、专用车、客车3大类;强制管理4.5吨以下物流类厢式运输车,要求 4.5 吨以下物流类厢式运输车的新能源产量达到一定的比例要求。这个政策将促进新能源需求,推动主机厂加大新能源物流车的研发投入和市场推广力度。

（2）技术驱动

随着增程式技术、动力电池技术、控制器等技术进步,模块化、开放式汽车底盘技术等技术创新,新能源物流车成本将明显降低,并且性能和质量得到明显提升,新能源物流车的经济性、动力性、可靠性得到充分体现,提升物流运输效率和明显降低物流成本,从而有力推动新能源物流车的快速发展。

（3）市场和商业模式驱动

随着产业体系成熟,产业规模逐步扩大,新能源物流车将继续有效降低成本,售后服务体系逐步完善,充电配套设施随着销量增长而趋于完善,市场将进一步成熟。随着先进汽车技术的进步和移动互联网、物联网、5G 等信息和通信技术的广泛应用,将会推动运营商模式、一体化模式等商业模式的逐步深入,解决客户充电不便、初始投资成本高等重要问题,并可能推动**商业模式的创新**,有力推动新能源物流车的快速发展。

1.4　新能源物流车市场

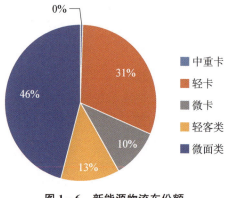

图 1-6　新能源物流车份额

数据来源：上牌保险数

1. 新能源物流车保有量

根据上牌数据统计,截至 2018 年,我国新能源物流车保有量约 36 万辆,其中中重卡 1 714 辆、轻卡 111 424 辆、微卡 36 440 辆、轻客类 44 967 辆和微面类 164 959 辆。

2. 销量和销量结构

在补贴政策及资本的大力推动下,我国新能源物流车迅猛增长,2017 年销量达到 14.7 万台,相比 2012 年的 1 099 台,6 年内增长了 133 倍,尤其在 2015 年在天津、太原、上海等 20 个城市出台对新能源专用车的补贴政策后,新能源物流车销量突飞猛进。2018 年后,由于补贴的大幅退坡、银根紧缩等原因,新能源物流车进入调整期,2018 年我国新能源物流车销售 11.8 万台,同比下滑

20%;随着2019年补贴继续退坡和2020年的补贴完全退出,这种调整期将会继续持续一段时间。

图1-7 新能源物流车历年销量(单位:辆)

数据来源:上牌及新车保险数

> **背景资料** 2018年,新能源汽车产销分别完成127万辆和125.6万辆,同比分别增长59.9%和61.7%。其中,纯电动汽车产销分别完成98.6万辆和98.4万辆,同比分别增长47.9%和50.8%;插电式混合动力汽车产销分别为28.3万辆和27.1万辆,同比分别增长122%和118%;燃料电池汽车产销均完成1527辆。(来源:装备工业司《2018年汽车工业经济运行情况》)

从2012~2018年新能源物流车历史销量图和销量结构图,可以更加直观地看到不同年份各种车型的销量结构。目前,微面、轻卡、轻客是3个最大的车型,2018年分别占比51%、27%、13%,三者合91%。

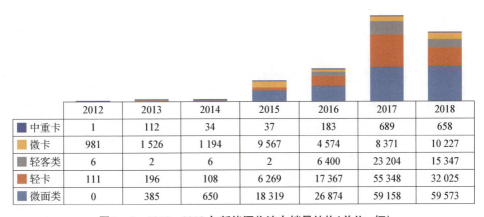

	2012	2013	2014	2015	2016	2017	2018
中重卡	1	112	34	37	183	689	658
微卡	981	1 526	1 194	9 567	4 574	8 371	10 227
轻客类	6	2	6	2	6 400	23 204	15 347
轻卡	111	196	108	6 269	17 367	55 348	32 025
微面类	0	385	650	18 319	26 874	59 158	59 573

图1-8 2012~2018年新能源物流车销量结构(单位:辆)

资料来源:上牌保险数

3. 新能源物流车区域分布

各个省份响应国家的号召,纷纷支持新能源汽车的发展,新能源物流车在全国各地得到迅速发展。

2018年,新能源轻卡在29个省份销售,其中销量超过1000台的省份达到9个,广东则全力支持新能源的发展,销量更超过1.1万台,占全国35%的份额。

2018年,新能源轻客类物流车在29个省份实现销售,其中销量超过500台的省份达到11个,广东销量达到3 500多台,占全国23%的份额。

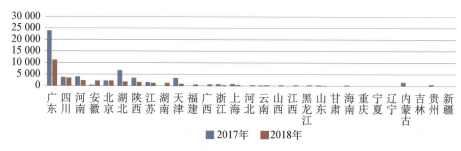

图1-9 新能源轻卡销售区域(单位:辆)

数据来源:上牌保险数

图1-10 新能源轻客区域分布(单位:辆)

数据来源:上牌保险数

4. 新能源物流车竞争格局

(1)新能源轻卡企业竞争格局

在新能源轻卡TOP10中,有楚风、陕汽等4家企业在整个轻卡行业中并未进入前10。

除东风、奇瑞、长安外,新能源微面企业以全部为非主流企业。在新能源微面TOP10企业中,陕西通家、瑞驰、山西成功、一汽等7家企业不是微面行业的主流企业。

图1-11 轻卡总体竞争格局(单位：辆)

图1-12 新能源轻卡竞争格局(单位：辆)

图1-13 微面竞争格局(单位：辆)

图1-14 新能源微面竞争格局（单位：辆）

图1-15 轻客总体竞争格局（单位：辆）

图1-16 新能源轻客竞争格局（单位：辆）

（2）新能源轻客竞争格局

在新能源轻客类 TOP10 企业中，有 4 家属于非主流企业。

5. 新能源物流车成本

动力电池价格快速降低。随着电池生产技术、电池材料配方进步、规模效应等因素，动力电池成本明显降低。2019 年动力电池下降至 1 000 元/kWh，相比 2015 年下降了近 63%。

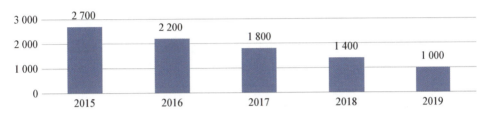

图 1-17　动力电池历年价格（单位：元/kWh）

数据来源：专家访谈及部分电池厂家实际销售价格

纯电动轻卡价格也快速降低。随着电池为代表的三电系统成本的快速下降，新能源物流车的价格也在快速下滑。2019 年 6 吨级、83 kWh 纯电动轻卡价格约 20 万元（补贴前），比 2015 年下降了 46%。

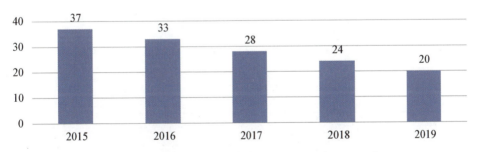

图 1-18　6T 级纯电动轻卡价格（单位：万元，83 kWh）

数据来源：谦鸣咨询，含国补地补

6. 主要细分市场

我国物流市场庞大，细分维度有很多，如货物重量、货物类型、承运人性质、运输距离、运输节点等，不同的细分维度适用不同的场景。我们主要围绕新能源物流车，所以用运输节点来对物流细分市场更加合适，因为不同的运输节点使用的物流车是不一样的。

按照运输运输节点，将物流市场分为两级：一级可以细分为城际物流、城市物流、城乡物流;每一个一级细分市场下,又可以细分为二级细分市场,每个细分市场使用的物流车差异很大。

图1-19 物流市场分级

表1-5 物流市场细分

一级细分市场	二级细分市场	具体描述	物流车型
城际物流	干线运输	中央仓-区域仓	重卡
	支线运输	区域仓-城市中心仓	重卡、中卡、大轻卡
城市物流	一级配送	城市中心仓-城市二级仓/县级仓	大轻卡
	二级配送	城市二级仓-市内门店	轻卡、欧系轻客、日系轻客
	三级配送	市内门店-接收点	日系轻客、微面、微卡、电动三轮
城乡物流	城乡物流	县级仓-乡镇网点	轻卡、微卡、微面
	乡镇物流	乡镇网点-用户	微卡、微面、电动三轮

第二章 产品技术

2.1 技术路线介绍

由于清洁能源汽车包括新能源汽车和清洁替代燃料汽车,所以技术路线分析包括纯电动汽车、增程式汽车、插电式混合动力汽车、氢燃料电池汽车、直接甲醇氢燃料电池汽车、储能式无轨电动汽车和甲醇等清洁能源汽车。

2.1.1 纯电动物流车

1. 纯电动物流车技术线路及产品

纯电动物流车的动力链系统为动力电池+电机,通过动力电池给电机提供动力,电机驱动车辆行驶。

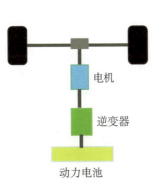

图 2-1 纯电动技术示意图

图 2-2 纯电动物流车

2. 纯电动物流车优势

（1）效率高、能耗低

纯电动物流车使用电机驱动，电机效率高达96%以上，电池充放电效率超过90%，综合效率超过86%；汽油车的最高效率在35%左右，但由于经常不在经济转速区间以及怠速停车等，实际效率在18%左右；柴油机的最佳效率在40%以上，但在城市工况下，由于经常不在经济转速区间以及怠速停车等，实际效率为25%左右。纯电动物流车的效率远远超过传统车，在实际使用过程中，每千米的能耗成本明显低于传统车。在公共充电桩充电的情况下，纯电动物流车节油率超过57%；在自建充电桩的情况下，纯电动物流车节油率超过87%。

表2-1 纯电动轻卡能耗与传统车对比

项目	纯电动轻卡-公共充电桩	纯电动轻卡-自建充电桩	柴油轻卡	备注
百公里能耗	37 kWh	37 kWh	13 L	拉货3T
能源单价	1元/kWh	0.3元/kWh	6.64元/L	各城市略有差异
每公里能耗成本(元)	0.37	0.11	0.86	

表2-2 纯电动轻客能耗与传统车对比

项目	纯电动轻客-公共充电桩	纯电动轻客-自建充电桩	柴油轻客	备注
百公里能耗	30 kWh	30 kWh	11 L	
能源单价	1元/kWh	0.3元/kWh	6.64元/L	各城市略有差异
每公里能耗成本(元)	0.30	0.09	0.73	

表2-3 纯电动微面能耗与传统车对比

项目	纯电动微面-公共充电桩	纯电动微面-自建充电桩	汽油微面	备注
百公里能耗	18 kWh	18 kWh	7.5 L	
能源单价	1元/kWh	0.3元/kWh	7.04元/L	各城市略有差异
每公里能耗成本(元)	0.18	0.05	0.53	

（2）动力性和加速性能更好

由于采用电机驱动，电机在启动时，扭矩立即能达到额定扭矩，所以纯电动物流车起步非常快。在实际使用中，在起步阶段，一般的乘用车也很难追得上纯电动轻卡，特别适合城市配送；传统物流车则需要发动机在达到一定转速时，才能达到额定扭矩，起步和加速明显慢。

（3）驾驶舒适

纯电动物流车没有变速箱，类似自动挡，不需要像传统车那样频繁换挡，降低驾驶疲劳。纯电动物流车噪音和振动很小，驾驶舱内非常安静舒适，用物流司机的话说"新能源物流车好开"。

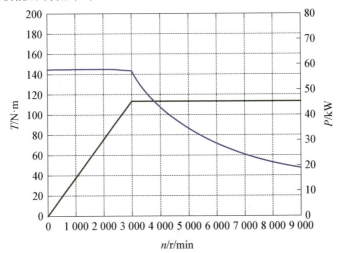

(a) 纯电动物流车电动机外特性曲线

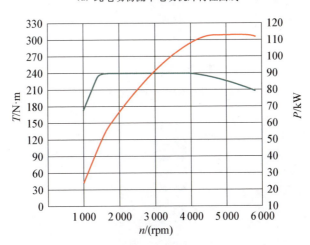

(b) 1.5T 乘用车发动机外特性曲线

图 2-3 动力性对比

（4）享受路权优先

目前纯电动物流车在许多大城市均享受路权，不限行不限号，为城市配送带来极大的方便。

(5) 维修保养成本低

电动物流车没有发动机,无须像传统车那样定期保养发动机和三滤,只须定期检查三电即可;传统车一年须保养 6 次左右,每次保养费用 600～700 元,一年保养费 3 600～4 200 元。电动物流车的三电系统,厂家一般提供 5 年/20 万公里的质保,所以并不会产生太高维修成本。传统车的发动机质保期一般是 2 年/20 万公里,在过了质保期后,发动机每年的维修成本 1 500 元左右,而在 20～30 万公里时需要大修,大修的成本 5 000 元左右。

3. 纯电动物流车劣势

(1) 购置成本高

近些年虽然三电系统尤其是动力电池成本大幅下降,但是新能源物流车的价格依然偏高,明显超过了传统车,即使在补贴后,仍然比传统车贵 60% 以上。

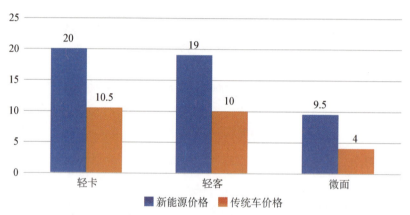

图 2-4　2019 年新能源和传统物流车价格对比(补贴前)(单位:万元)

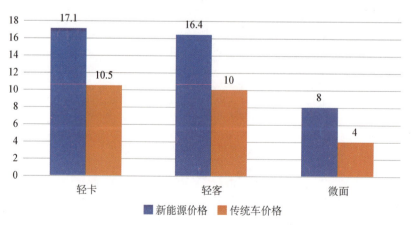

图 2-5　2019 年新能源和传统物流车价格对比(补贴后)(单位:万元)

（2）续航里程短

纯电动物流车的续航里程固定，一般在 200 公里以内，而物流客户的日行驶里程波动较大，在 100～300 公里之间，有时甚至达到 500 公里；在一天一充的情况下，纯电动物流车能满足日常运行里程需求，但是在物流旺季和临时有业务的情况下则难以满足；增加电池来提高续航里程，则会大幅增加成本和车辆自重，并不现实。

（3）充电不方便

纯电动物流车一般需要天天充电，目前充电桩数量少，区域分布不合理，尤其是 500～750 V 的高压充电桩很少，对纯电物流车充电带来很大的烦恼，对于只能使用高压桩的轻卡和欧系轻客尤为严重。充电时间长也为充电带来很大的不便，每次充电需要 1～2 h，再加上排队时间，充一次电往往需要 2～3 h。为了大幅降低使用成本，用户需要在夜晚 11:00 之后再充，给客户的休息和生活质量带来极大的困扰。

（4）更换电池成本高和残值率低

动力电池每年都会有一定的衰减，尤其是早期的动力电池。现在动力电池技术快速发展，电池衰减得到有效改善。按照当前用户使用习惯，大约使用 3～4 年的时间，电池衰减率在 70%～80% 之间（具体视行驶里程和日充电次数而定）。电池衰减伴随着续航里程的缩短，难以满足当前业务的需求。客户要么花费数万元更换电池，要么当二手车处理，但残值一般比较低。目前还没有相关数据，参考乘用车，纯电动残值率只有传统车残值率的一半左右。

4. 纯电动物流车与传统车使用经济性对比

在使用公共充电桩的情况下，相比传统车，纯电动物流车的经济性并不明显；但是，在自建充电桩的情况下，经济性比较突出：

① 纯电动轻卡 5 年总成本比传统车少 86 600 元，节省率为 24%；

② 纯电动轻客 5 年总成本比传统车少 49 600 元，节省率为 17%；

③ 纯电动微面 5 年总成本比传统车少 35 000 元，节省率为 22%。

表 2-4 纯电动轻卡与柴油轻卡 5 年总成本对比

	项目	纯电动轻卡-公共充电桩	纯电动轻卡-自建充电桩	传统柴油车	备注
购车成本（元）	裸车价	200 000	200 000	105 000	国 V 排放，国 VI 预计加 1 万元。
	补贴	29 000	29 000	0	83 kWh，350 元/kWh。
	购置税	0	0	9 300	
	小计	171 000	171 000	114 300	

续表

项目		纯电动轻卡-公共充电桩	纯电动轻卡-自建充电桩	传统柴油车	备注
燃料成本	每公里成本(元)	0.37	0.11	0.86	
	年行驶里程(km)	50 000	50 000	50 000	
	每年燃料成本	18 500	5 500	43 000	
	5年小计(元)	92 500	27 500	215 000	
保养费(元)	单次发动机保养费	\	\	600	相同费用不做统计
	年保养次数	\	\	6	
	年保养费用	\	\	3 600	
	5年小计	\	\	18 000	
维修费(元)	每年发动机维修费			1 500	
	发动机大修			5 000	
	5年小计			12 500	
更换电池费(元)		74 700	74 700		按900元/kWh(考虑了电池梯次利用回收)
5年TCO合计(元)		338 200	273 200	359 800	

注：需要建快充桩，设备及安装费约4.5万元/个，一天能给8台轻卡充电。

表2-5 纯电动轻客与柴油轻客5年总成本对比

项目		纯电动轻客-公共充电桩	纯电动轻客-自建充电桩	传统柴油车	备注
购车成本(元)	裸车价	190 000	190 000	100 000	国V排放,国VI预计加1万元
	补贴	25 900	25 900	0	74 kWh,350元/kWh
	购置税	0	0	8 800	
	小计	164 100	164 100	108 800	
燃料成本	每公里成本(元)	0.3	0.09	0.73	
	年行驶里程(km)	45 000	45 000	45 000	
	每年燃料成本	13 500	4 050	32 850	
	5年小计(元)	67 500	20 250	164 250	

续表

项目		纯电动轻客-公共充电桩	纯电动轻客-自建充电桩	传统柴油车	备注
保养费(元)	单次发动机保养费	\	\	600	相同费用不做统计
	年保养次数	\	\	5	
	年保养费用	\	\	3 000	
	5年小计	\	\	15 000	
维修费(元)	每年发动机维修费			1 500	
	发动机大修			5 000	
	5年小计			12 500	
更换电池费		66 600	66 600		按900元/kWh（考虑了电池梯次利用回收）
5年TCO合计		298 200	250 950	300 550	

注：需要建快充桩，约4.5万元/个，一天能给8~10台轻客充电。

表2-6 纯电动微面与汽油微面5年总成本对比

项目		纯电动微面-公共充电桩	纯电动微面-自建充电桩	汽油微面	备注
购车成本(元)	裸车价	95 000	95 000	40 000	国Ⅴ排放，国Ⅵ预计加0.5万元
	补贴	14 000	14 000	0	40 kWh，350元/kWh
	购置税	0	0	3 500	
	小计	81 000	81 000	43 500	
燃料成本	每公里成本(元)	0.18	0.05	0.53	
	年行驶里程(km)	40 000	40 000	40 000	
	每年燃料成本(元)	7 200	2 000	21 200	
	5年小计(元)	36 000	10 000	106 000	
保养费(元)	单次发动机保养费	\	\	300	相同费用不做统计
	年保养次数	\	\	5	
	年保养费用	\	\	1 500	
	5年小计	\	\	7 500	

续表

项目	纯电动微面-公共充电桩	纯电动微面-自建充电桩	汽油微面	备注
维修费(元) 每年发动机维修费			1 000	
维修费(元) 5年小计			5 000	
更换电池费(元)	36 000	36 000		按900元/kWh(考虑了电池梯次利用回收)
5年TCO合计(元)	153 000	127 000	162 000	

5. 纯电动物流车小结

表2-7 纯电动物流车优缺点总结

序号	优势	劣势	适用场景
1	燃料成本低	购置成本高	1. 线路固定的城市物流和城乡物流 2. 日行驶里程固定在200公里以内的城市物流和城乡物流 3. 有条件自建充电桩且无需电网改造的客户；满足条件1和3或者满足条件2和3
2	动力性好	里程焦虑	
3	驾驶舒适	充电不方便	
4	路权优势	更换电池成本高	
5	维保成本低	残值低	

2.1.2 增程式物流车

1. 增程式物流车技术线路介绍

许多人经常把增程式和插电式混合动力混为一谈，有关部门也把增程式直接划分到插电式混合动力。其实，增程式和插电式混合动力技术差异是巨大的。插电式混合动力中的发动机直接参与驱动车辆；而增程式技术中，发动机并不直接驱动车辆，只承担发电的功能（驱动发电机产生电能），将电能输出给电池或者电机。把发动机、发电机及相关的控制器总成称为增程器。根据电池增程器的参与深度，增程式技术线路分为深混、中混、轻混。增程式技术的6个特点如下。

(1) 效率较高

由于发动机只负责发电，不直接参与驱动，因此发动机可以一直控制在经济转速区，热效率就很高。传统汽油机热效率最高能达到35%左右，实际使用中只有18%左右，远远低于最高值。增程器中的发动机则可以固定发动机转速和油门开度，保持某一个或者多个固定功率点发电，可以一部分给电机，多余的部分给电池充电，不会造成电能浪费，所以热效率往往接近最高值35%。

(2) 可以"小马拉大车"

增程器中的发动机并不直接驱动,所以不用考虑扭矩问题,可以轻松实现小马拉大车。比如,一辆 6T 级的轻卡,传统车需要 2.8L 排量才能提供足够的动力,增程式只需要 1.5L 就可以了,可以节省一部分发动机成本。

(3) 里程无忧

在没有电的情况下,发动机发电,实际续航里程跟传统式基本一样。

(4) 充电桩依赖度较低

对充电桩依赖性没有那么迫切,而且电池一般较少,可以慢充。

(5) 路权优先,不限行

增程式物流车同样属于新能源车,除了北京、深圳少部分城市外,路权等同于纯电动货车。

(6) 无需更换电池

由于控制策略得当,电池不会过充过放,而且使用慢充不会造成电池过热,电池使用寿命更长。即使电池衰减会对经济性有稍微影响,但不会影响续航里程,所以无须更换电池。

2. 深混增程式

深混增程式一般采用大动力电池+小增程器,在大部分情况下靠电池本身提供动力,只有少部分情况下靠发动机发电给电池充电来提供动力。目前业内对深混增程式的定义还没有统一标准,一般认为电油比例大于 60% 的,就是深混增程式。该技术线路的增程器主要给电池补电,一般采用单点跟随策略,即增程器以单一固定的功率给电池充电。当增程器给动力电池供电时,车辆一般需要停下来。宝马 I3 属于此类,国内新能源物流车暂时没有这类产品上市,只有陕汽等部分厂家正在研发当中。

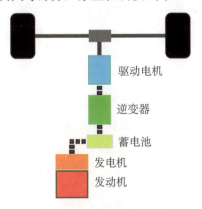

图 2-6 深混增程式技术

图 2-7 宝马 I3 深混增程式(33 度电+0.6L 发动机)

(1) 深混增程式技术线路的优势

① 经济性较好:例如,总质量 6T 轻卡可匹配 47 度电＋1 L 汽油增程器,由于电量较少,可以自建 6.6 kW 的慢充(纯电轻卡由于电量大,只能使用快充,涉及电网改造,客户一般无法规模化自建快充桩),可充分利用谷电充电。若每天跑 150 公里,纯电可以行使 100 公里,另外 50 公里由汽油发电补充电量行驶,每公里成本仅为 0.37 元,相比柴油轻卡每公里成本 0.86 元,节省率达到 56%。如果采用柴油或者天然气增程器,节省率会更高。

表 2-8 深混增程式轻卡用车成本

项目	电	油	
燃料单价	0.3 元/kWh	7.04 元/L	电量小,可以使用慢充,无需使用公共充电桩
百公里电耗	37 度	37 L	
行驶里程(公里)	100	50	
所需燃料	37 kWh	6.38 L	
燃料成本(元)	11.1	44.9	
每天燃料成本(元)	56		
每公里成本(元)	0.37		

注:以上电价采用工业谷电,鉴于各地电价和种类不同,实际成本可能存在差异。

② 充电便利:可以小规模化自建慢充桩,当天收车回来直接接上电源充电,第二天早上出车时拔掉电源即可,省去了凌晨充电花费 2～3 h 的烦恼。

③ 成本较低:仍然以上面的轻卡为例。由于只采用 47 度电,比纯电动轻卡 83 度电少了 36 度电,仅电池成本就减少 36 000 元(2019 年电池按 1 000 元/度计算);而 1 L 汽油增程器的价格预计 15 000 元左右,所以深混增程式轻卡比同平台的纯电动轻卡低 21 000 元。

(2) 深混增程式技术线路的劣势

① 难以全工况行驶:采用较小的增程器并且采用单点跟随,当电池 SOC 值较低的时候,一般须将车辆停车并启动增程器发电,这样会影响运输效率。为了不影响运输效率,物流车须在装卸货、停车休息时,启动增程器发电。

② 加速性能较差:电池比纯电动较少,而且是成本较低的能量型电池,无法满足车辆瞬时大功率放电需求,加速性能要弱一些。

③ 舒适性较差:当增程器启动时,噪音比较大,舒适性较差。

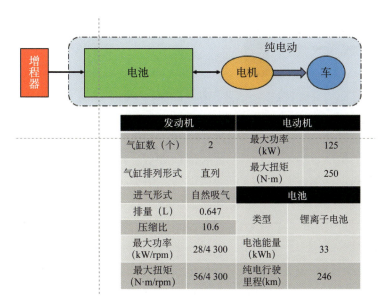

图 2-8 宝马 i3 相关参数

表 2-9 南骏增程式轻卡参数

	车型	NJA5040XXYPDB33HEV(南骏增程式轻卡)
配置参数	车身宽(mm)	1 735,1 995
	轴距(mm)	3 300
	外廓尺寸(长×宽×高)(mm)	5 995×2 150×2 000,1 950×2 900×3 050
	货厢尺寸(内长×内宽×内高)(mm)	4 150×2 050×1 950,1 910×2 000×2 100
	总质量(kg)	4 495
	整备质量(kg)	3 050
	驾驶室准乘人数(人)	2,3
	发动机型号/排量(mL)/功率(kW)	LJ375QEB/1 193/42
	发动机生产企业	柳州五菱柳机动力有限公司
	电池容量(kWh)/种类/厂家	77/三元锂离子/
	电机类型	永磁同步
	驱动电机额定功率/峰值功率(kW)	80/150
	前/后桥吨位(t)	2.7/3.5
	制动形式(气刹)	前鼓/后鼓
	驻车制动	储能制动
	板簧片数(前/后)	3/9+7,9/10+8
	轮胎型号	7.00R16LT 10PR

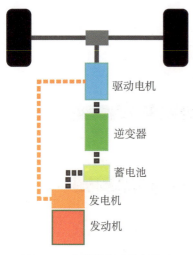

图 2-9 吉利增程式技术线路

3. 轻混增程式

轻混增程式一般采用小动力电池＋大增程器，在大部分情况下靠增程器烧油发电提供动力，只有少部分情况下靠电池来提供动力。目前业内对轻混增程式还没有统一标准，一般认为电油比例小于30%的，可以认定为轻混增程式。增程器主要给电机供电，其次给电池充电，一般采用技术复杂程度更高的多点跟随策略或者线性跟随策略；在多点跟随策略下，增程器的发动机根据车辆所需求的功率，以多个固定的功率点发电，一部分直接供给电机，多余的部分给电池充电。吉利 RE500 轻卡属于这一类别，该车型采用 26 度功率型电池＋1.5TD 汽油增程器（沃尔沃发动机＋ZF 发电机＋吉利控制器），增程器功率有 15 kW、30 kW、45 kW、60 kW 等 4 个功率点；在下行时（电池 SOC 由多变少）增程器的运行功率逐步加大；在上行时（电池 SOC 由少变多，此时电池停止放电）增程器运行功率逐步减小，优先给电机供电，多余的电给电池充电，保证能量没有浪费；当 SOC 达到一定值以后，增程器自动关闭。在线性跟随策略下，增程器持续跟随整车功率需求，并快速调整增程器功率，日产 NOTE 采用的 e-POWER 动力就属于此类，该车型采用 1.5 度锰酸锂电池＋1.2 L 汽油增程器，目前国内新能源物流车还没有同类车型。

图 2-10 吉利增程器（GAPF）总成

图 2‑11 日产 NOTE

图 2‑12 日产 e-POWER 动力总成

(1) 轻混增程式技术线路的优势

① 经济性较好：虽然主要靠烧油来驱动，但是发动机始终处于高效区间，并且直接给电机供电，少了电池充放电损耗，经济性仍然较好。例如，吉利 RE500 轻卡，该车型匹配 26 度电＋1.5 L 汽油增程器。每天跑 150 公里，纯电可以行使 55 公里，另外 95 公里由汽油发电行驶，这样每公里成本 0.45～0.56 元。相比柴油轻卡每公里成本 0.86 元，节省率达到 35％～48％，但相比深混，每公里成本要稍微高一些。

表 2‑10 轻混增程式车辆使用成本

项目	一天一充		一天两充		备注
	电	油	电	油	
燃料单价	0.3 元/kWh	7.04 元/L	0.3 元/kWh 1.4 元/kWh	7.04 元/L	1. 夜晚充电一般用慢充即可 2. 一天两充时，白天使用公共充电桩充，按平电 1.4 元/kWh
百公里电耗(度)	37	37	37	37	
行驶里程(km)	55	95	110	40	
所需燃料	20.4 度	11 L	40.8 度	5.6 L	
燃料成本(元)	6.1	93.6	34.7	39.4	

续表

项目	一天一充		一天两充		备注
	电	油	电	油	
每天燃料成本(元)	99.7		74.1		
每公里成本(元)	0.66		0.49		

注：以上电价采用工业谷电，鉴于各地电价和种类不同，实际成本可能存在差异。

② 满足全工况需求：采用大增程器，并且能直接给电机供电。电机功率加上动力电池的放电功率，能够完全满足车辆任何工况的需求，无需停车发电，不影响货运业务，提高运输效率。

③ 动力性好：采用功率型电池，能够满足瞬时大功率放电需求，增程器也会同时给电机供电，所以动力足，加速和超车性能好，运输效率较高。

（2）轻混增程式技术线路的劣势

① 成本较高：由于采取了功率型电池和大增程器，和更加复杂的控制器，成本相比深混要高一些，比深混贵 1.5 万元左右。

② 噪音较大：当增程器在大功率点工作时，噪音比较大，对驾驶舒适性有一定影响。

③ 当燃油车使用：在实际使用过程中，客户并不充电，而是直接当作燃油车使用。这样使用成本高，而且造成更多的环境污染，违背国家发展新能源的初衷。

④ 部分工况使用成本高：在高速、国道、省道上行驶时，由于传统车发动机效率的大幅提升，使用成本反而降低；而增程式物流车由于速度提升，风阻大幅增加，导致油耗明显上升，使用成本增加。此消彼长，增程式物流车的使用成本反而高于传统车。

表 2-11　吉利增程式轻卡参数

整车外形尺寸(mm)	5 995×2 100×3 100
货厢内部尺寸(mm)厢车	4 140×2 050×2 000
额定载质量(t)	2.5～3.5
整备质量(t)	3.3
整车满载总质量(t)	6
增程器　类型/额定功率(kW)	GAPF 1.5TD/60

续表

增程器 排放	国 IV
驱动电机型式	永磁同步
驱动电机 额定功率/转速/扭矩(kW/rpm/N·m)	50/1 360/350
驱动电机峰值功率/转速(kW/rpm)	100/4 000
驱动电机峰值扭矩(N·m)	850
额定输入电压(动力电池电压)(V)	350
动力电池类型 容量(kWh)	三元 25.9
转向系统	EHPS-电动液压转向系统
充电时间	3.5 h 可充满(慢充)
行车制动系统	气压制动 能量回收系统
综合续航里程(km)	500
驻车制动系统	弹簧储能(断气刹)

表 2-12 福田增程轻卡参数

	车型 BJ5046XXYSHEV1(福田增程式轻卡)	
配置参数	车身宽(mm)	1 995
	轴距(mm)	3 360
	外廓尺寸(长×宽×高)(mm)	5 995×2 410×3 400
	货厢尺寸(内长×内宽×内高)(mm)	4 145×2 350×2 370(23 m³)
	总质量(kg)	4 495
	整备质量(kg)	2 950
	驾驶室准乘人数(人)	3
	发动机型号/排量(mL)/功率(kW)	JT15T/1499/120
	发动机生产企业	江苏三能动力总成有限公司
	电池容量(kWh)/种类/厂家	15.4/三元锂离子/河南美力达
	电机类型	永磁同步
	驱动电机额定功率/峰值功率(kW)	55/110
	制动形式(气刹)	前鼓/后鼓
	驻车制动	储能制动
	板簧片数(前/后)	3/6+6
	轮胎型号	7.00R16LT 8PR

表 2-13　日产 NOTE 增程式产品参数

发动机		电动机	
气缸数(个)	3	最大功率(kW)	80
气缸排列形式	直列	最大扭矩(N·m)	254
进气形式	自然吸气	电池	
排量(L)	1.198	类型	锰酸锂软包锂离子
压缩比	12		
额定功率(kW/rpm)	58/5 400	电池能量(kWh)	1.5
最大扭矩(N·m/rpm)	103/3 600	纯电行驶里程(km)	约 2.7

4. 中混增程式

中混增程式一般采用中等电池＋中型增程器,但具体标准很难界定,因为车型不同且差异巨大。一般认为,电油比在 30%~60% 之间,可以称为中混。中混的优缺点介于深混和轻混之间,目前国内新能源物流车还没有类似车型。

5. 各类增程器介绍

增程器包含发动机、发电机、各种控制器,按照使用燃料来分,可以分为汽油增程器、柴油增程器、天然气(NG)增程器、甲醇增程器等。

(1) 汽油增程器

由汽油发动机＋发电机＋各种控制器构成,排量一般在 0.5~1.5 L 之间,发电成本较高,大约 2.27 元/kWh,略高于公共充电桩峰电价格(1.8~2.2 元/kWh)。汽油增程器具有体积小、排放升级比较容易,发动机(含后处理)成本较低的优势,尤其适合深混增程技术线路。目前市场已经有比较成熟的产品,如吉利 RE500 轻卡上用的 GAPF,采用的是沃尔沃 1.5 L＋ZF 发电机＋吉利研发的控制器;五菱柳机的 1.2 L 的汽油增程器,目前给四川南骏配套。

(2) 柴油增程器

由柴油发动机＋发电机＋各种控制器构成,发电成本大约为 1.62 元/kWh。但是,柴油增程器体积大,排放升级技术难度大,发动机(含后处理)成本比汽油增程器高 2 万元以上,目前市场没有成熟的柴油增程器。据悉,福田汽车正在其 D01 柴油机的基础上开发柴油增程器。

(3) 天然气增程器

由天然气发动机＋发电机＋各种控制器构成,发电成本大约为 1.17 元/kWh,基本接近公共充电桩谷电价格(1~1.2 元/kWh)。天然气增程器成本与汽油增程器相差不大,但是储气罐较贵,而且储气罐体积大,难以布置。加气站比较少,客户需要跑几十公里去加气,一般难以接受。预计天然气增程器会在少部分城市推广,但大面积推广存在较大困难,目前市场也没有成熟的天然气增程器。

(4) 甲醇增程器

由甲醇发动机+发电机+各种控制器构成,发电成本大约 1.1 元/kWh,跟天然气基本相当。甲醇增程器成本与天然气增程器基本相当,而且没有天然气储罐的问题。但是,甲醇增程器使用的甲醇燃料,同样存在加注比较困难的问题,甚至难度更大。预计在甲醇燃料在少部分城市推广,但大面积推广仍然存在较大困难。目前市场没有成熟的甲醇增程器,作为甲醇动力倡导者,吉利汽车正在开发此类增程器。

表 2-14 各类增程器发电成本对比

项目	汽油增程器	柴油增程器	天然气增程器	甲醇增程器	备注
燃料类型	汽油	柴油	天然气	甲醇	
燃料单价	7.04 元/L	6.64 元/L	4.08 元/m³	1.9 元/L	
比功率燃油消耗率(g/kWh)	235	205	205	450	不同品牌间有一定差异
一度电成本(元)	2.27	1.62	1.17	1.1	

6. 增程式物流车与传统车经济性对比

深混增程式经济性更好。从当前对比来看,相比传统柴油车,轻混增程式轻卡经济性不太明显,在一天两充的情况下,5 年节约 46 800 元,如果一天一充,5 年则节约 19 300 元;深混增程式轻卡经济性则比较明显,在一天一充的情况下,5 年大约节约 79 300 元,节约率达到 22%,跟自建充电桩的纯电动物流车比较接近。

表 2-15 增程式轻卡与柴油轻卡 5 年总成本对比

	项目	增程式轻卡-深混	增程式轻卡-轻混	传统柴油车	备注
购车成本(元)	裸车价	180 000	195 000	105 000	国 V 排放,国 VI 预计加 1 万元
	补贴	0	0	0	
	购置税	0	0	9 300	
	小计	180 000	195 000	114 300	

续表

项目		增程式轻卡-深混	增程式轻卡-轻混	传统柴油车	备注
燃料成本	每公里成本（元）	0.38	0.49/0.66	0.86	
	年行驶里程（km）	50 000	50 000	50 000	
	每年燃料成本（元）	19 000	24 500/33 000	43 000	
	5年小计	95 000	122 500/165 000	215 000	
保养费（元）	单次发动机保养费	300	300	600	
	年保养次数	2	2/3	6	
	年保养费用	600	600/900	3 600	
	5年小计	3 000	3 000/4 500	18 000	
维修费（元）	每年发动机维修费	500	500/1 000	1 500	
	发动机大修	\	\	5 000	
	5年小计	2 500	2 500/5 000	12 500	
更换电池费（元）		0	0	0	无需更换
5年TCO合计（元）		280 500	323 000/365 500	359 800	

7. 增程式物流车小结

表2-16 深混增程式技术优缺点总结

序号	优势	劣势	适用场景
1	里程无忧	加速性能较差	1. 线路不固定或日行驶里程不固定的用户 2. 城市一级、二级配送中的轻卡和欧系轻客 3. 路况以城市道路为主，环城路、国道、省道、高速等道路占比很少 4. 中途有时间停车发电 同时满足1、2、3、4
2	充电设施依赖程度低	舒适性差	
3	路权优先	车价高，与纯电基本相当	
4	无需更换电池	常被当燃油车使用	
5	燃料成本较低		

表 2-17 轻混增程式技术优缺点总结

序号	优势	劣势	适用场景
1	里程无忧	不能全工况行驶	1. 城市专用车市场 2. 城市物流市场 2.1 线路不固定或日行驶里程不固定的用户 2.2 城市一级、二级配送中的轻卡和欧系轻客 2.3 路况以城市道路为主,环城路、国道、省道、高速等道路占比很少 2.4 中途没有时间停车发电 在第 2 条中,2.1、2.2、2.3、2.4 同时满足
2	充电设施依赖程度低	加速性能较差	
3	路权优先	舒适性差	
4	无需更换电池	车价高,与纯电基本相当或略高	
5	燃料成本较低		

2.1.3 插电式混合动力物流车

1. 插混物流车技术线路及产品介绍

插混物流车具有两套动力系统:一套是动力电池+电机动力系统;一套是发动机动力系统。车辆启动时,动力电池首先通过电机驱动车辆行驶;当电量快用完时,发动机启动,直接驱动车辆行驶,并通过驱动/发电一体式电机适时向动力电池充电。目前东风已经有插电式混合动力轻卡,其动力结构为 3 L 天然气发动机+25 kW 电机+18 度铁锂电池+5 挡 AMT 变速箱。

图 2-13 东风天然气插电式混合动力轻卡

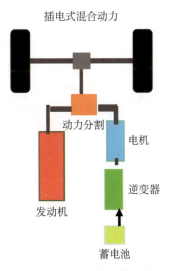

图 2-14 东风插电式技术路线

图 2-15 东风插电式动力总成

2. 插混物流车的优势

燃料成本优于传统车,但弱于纯电和增程。插混物流车分为 3 种工程模式,分别是纯电模式、混动模式、纯发动模式。在低速状态时采用纯电或者混动模式,在电池 SOC 较低时,直接进入纯发动机模式,可以给电池充电,并回收制动能量。这样,在一定程度就避免了发动机在低效率区间工作。但是,由于参与直接驱动,发动机难以保持高效率。东风插电式混合动力轻卡在载重 5 t 情况下,燃料成本大约 0.5 元/公里(试验工况,实际情况可能会高一些),在相同情况下,传统车的燃料成本高于插混,但是纯电和增程燃料成本低于插混。

表 2-18 各种技术线路燃料成本对比

项目	天然气插混	纯电	深混天然气增程	轻混天然气增程	天然气车	柴油车
工况	载货 5 t					
燃料单价	电:0.3 元/kWh,天然气:4.5 元/m^3,柴油:6.64 元/L					
每公里燃料成本(元)	0.5	0.4	0.25	0.21/0.4	0.85	0.93

① 无里程焦虑:由于可以加油/气,采用纯发动机模式,所以续航里程跟传统车一样。

② 路权优先:插混属于新能源,跟增程式一样,在大部分城市享受路权优先。

③ 不依赖充电桩:插混车型一般可以慢充,采用民用电或者工业用电,无需快充桩,对充电桩依赖程度低。

④ 无须更换电池:电池衰减对插混车型影响并不大。纯电续航里程减少,对经济性略有影响。

3. 插混物流车的劣势

(1) 结构复杂,可靠性较差

插混有两套动力系统,需要复杂的控制策略在两套系统之间切换,结构非常复杂,可靠性难以保证。例如,东风天然气(NG)插混轻卡,其动力系统为 3 L 天然气发动机+25 kW 电机+18 度铁锂电池+5 挡 AMT 变速箱,串连在一起,并且要通过控制器在纯电、混动、纯发动机 3 种模式不断切换。

(2) 成本较高

由于采用的发动机比较大,增加了 AMT 变速器,电机采用驱动与发电一体式,动力耦合原件等,大幅增加了成本。在同等配置下,预计比轻混增程式还要贵 2.5 万元以上。

4. 插混物流车与传统车经济性对比

天然气插混轻卡 5 年总成本与天然气轻卡和柴油轻卡基本相当,甚至略高,由于高昂的首次购车成本,目前插混技术并不特别适合物流行业。

表 2-19　插混轻卡与柴油轻卡 5 年总成本对比

项目		NG 插混轻卡	NG 轻卡	传统柴油车	备注
购车成本（元）	裸车价	220 000	112 000	105 000	国 Ⅴ 排放,国 Ⅵ 预计加 1 万元
	补贴	0	0	0	
	购置税	0	9 900	9 300	
	小计	220 000	121 900	114 300	
燃料成本	每公里成本(元)	0.5	0.85	0.93	载货 5 t
	年行驶里程(km)	50 000	50 000	50 000	
	每年燃料成本(元)	25 000	42 500	46 500	
	5 年小计(元)	125 000	212 500	232 500	
保养费(元)	单次发动机保养费	600	600	600	
	年保养次数	5	6	6	
	年保养费用	3 000	3 600	3 600	
	5 年小计	15 000	18 000	18 000	
维修费(元)	每年发动机维修费	3 000	3 000	1 500	
	发动机大修	5 000	5 000	5 000	
	5 年小计	20 000	20 000	12 500	
更换电池费(元)		0	0	0	无须更换
5 年 TCO 合计(元)		380 000	372 400	377 300	

5. 插混物流车小结

表 2-20　插混物流车的优缺点总结

序号	优势	劣势	适用场景
1	里程无忧	结构复杂,可靠性差	1. 城市专用车市场 2. 城市物流市场 2.1　线路不固定或日行驶里程不固定的用户
2	充电设施依赖程度低	车价高,比纯电还高	

续表

序号	优势	劣势	适用场景
3	路权优先		2.2 城市一级、二级配送中的轻卡和欧系轻客
4	无需更换电池		2.3 路况以城市道路为主,环城路、国道、省道、高速等道路占比很少
5	燃料成本较低		2.4 中途没有时间停车发电 在第 2 条中,2.1、2.2、2.3、2.4 同时满足

2.1.4 氢燃料电池物流车

1. 氢燃料物流车技术线路及产品介绍

燃料电池是把燃料的化学能直接转换为电能的化学装置,是电化学反应的发生器。氢燃料物流车指的是主要能量来源为氢燃料电池。有两种技术线路:一种是类似于增程式技术线路,仍然有动力电池,氢燃料电堆主要起到增程器的作用。主要动力是氢燃料电堆,仍然把它划分到氢燃料电池技术线路;另一种技术线路是没有动力电池,氢燃料电堆直接发电,给驱动电机提供动力。目前国内由于氢燃料电堆技术还不成熟,所以第二种技术线路暂时还没有成熟车型,第一种技术线路目前已经初步商业化。国内厂家中,上汽大通、东风、金华青年、解放等均有相当数量的产品投入使用。

图 2-16 大通燃料电池轻客

图 2-17 解放燃料电池轻卡

2. 氢燃料物流车优势

① 清洁环保:氢燃料物流车接近零排放,最终排放物为水。

② 效率较高:氢燃料电堆的效率较高,能达到 55%,有潜力能够做到 65%,

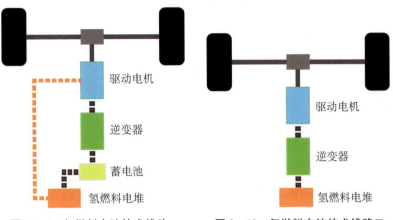

图 2‑18　氢燃料电池技术线路一　　图 2‑19　氢燃料电池技术线路二

而且比较稳定。传统物流车中常用的柴油机最高热效率为 45% 左右,有潜力能够做到 50%,但在实际使用中,在高速公路中热效率接近 40%,在城市道路中实际热效率仅仅 25%。

③ 里程无忧:氢燃料物流车加注液氢,实际续航里程跟燃油车相当,没有纯电动物流车的里程焦虑问题。

3. 氢燃料物流车劣势

① 购置成本高:目前由于氢燃料电堆价格过高,加上复杂的控制器,整车价格远远超过传统物流车,也远远超过纯电动物流车。2018 年青年汽车的氢燃料轻卡售价高达 80 万元(补贴前),远远超过传统车的 10 万元和纯电动 25 万元(补贴前)的水平。

② 制氢成本高:目前经济清洁地提取氢气依然存在技术难度,制氢成本依然很高。氢燃料加注站的价格一般在 70 元/kg(有少量示范项目补贴后为 20 元/kg)。

③ 使用成本高:比较便宜的液态氢价格为 70 元/kg,氢燃料物流车每公里的使用成本大约是 1.5 元,是传统车的 2 倍,是纯电动车的 4 倍。

④ 建站成本高:氢燃料加注站的建设成本极高,动辄上 1 000 万元,投入太大。

⑤ 安全性有待解决:氢燃料属于极易燃烧的气体,储存液态氢的容器压力高达 35 MPa,甚至更高,明显超过压缩天然气(CNG)20 MPa 的压力,存在极大的安全隐患。

4. 氢燃料物流车与传统车经济性对比

氢燃料物流车的经济性明显不如传统车,在商业化的道路上还有很长的一段路要走，暂时难以有应用场景。

2.1.5　甲醇燃料电池物流车

直接甲醇燃料电池（Direct Methanol Fuel Cell，DMFC），使用甲醇作为燃料，直接将甲醇水溶液中的化学能转换成电能。DMFC 不需通过甲醇、汽油或天然气的重整制氢以供发电。相较于其他燃料电池技术，直接甲醇燃料电池具备电池结构简单、低温快速启动、燃料供应体系成熟、洁净环保等优点。自 2006 年以来，苏州奥加华新能源有限公司的 DMFC 技术经过 12 年的不断研发和 5 000 多万美元的持续投入，已成为全球的领导者。在 1 kW 以上功率 DMFC 商业化应用领域，全球范围内目前还没有直接竞争对手。公司积累了大量的知识产权，形成了很高的技术壁垒。

1. 甲醇燃料电池在物流业中的应用优势明显

中国是全球第一甲醇生产国，年产能高达 8 500 万吨；工业级甲醇价格为汽柴油的 1/3 左右，且价格稳定，配送网络遍及全国。原材料的稳定供应和能源转换技术的突破，催生了直接甲醇燃料电池这一新能源领域的"黑科技新物种"。

直接甲醇燃料电池具有 3 个优势。一是性能提升，节省了蓄电池充电或更换的时间，大大提升生产效率。燃料电池效能不会随使用时间下降（可长时间持续供电）。燃料电池燃油经济性大大优于柴油/汽油发电机组。二是操作简便，只需数小时的培训工人即可熟练操作，燃料加注设备只需要很小的空间，燃料加注只需短短 30 s（蓄电池充电需要数小时之久），消除了对第二块电池（替换用）和充电桩的需求。三是绿色环保，甲醇燃料电池没有 PM2.5 污染排放（NO_x 或 SO_x），没有污染。

相较于市场上宣传较多的甲醇重整制氢燃料电池，直接甲醇燃料电池减少了甲醇重整分解制氢气流程（先把甲醇分解成氢气，再用氢气电极反应发电的），用甲醇直接在电极上反应发电。因此，电堆结构相对简单，工作温度更低，发电成本更低，大规模应用于快递物流业后将为减少我国物流总费用，提高物流效率，改善环境质量带来不可估量的影响。

直接甲醇燃料电池物流车具有 6 个优势。一是产品本身安全，因为燃料电池只是一个化学反应装置，并不储存能量，即使发生短路、撞击、燃烧，也不会有任何爆炸、燃烧的风险。二是增加形式里程。48 kg 甲醇可以产生 75 kWh 的电量，是锂电的能量密度的 4 倍多，大大增加了车辆的行驶里程。三是不需要充电桩。直接甲醇燃料电池可以给锂电直接供电，不需要充电桩。可以充分利用现有加油站等基础设施，整个甲醇加注时间只需要几分钟。四是技术对接简单。应用在现有锂电或混动车辆上技术对接简单，只需和现有锂电并联或直接取代原来混动技术中非锂电部分即可,不需要太多的额外设计。五是增加锂电寿命。因为使用直接甲醇燃料电池,锂电不会过放,增加锂电使用寿命。六是环保,零污染。排放物主要为水和少量的二氧化碳,无任何氮化物、硫化物产生。

2. "甲醇经济"构筑绿色物流生态圈

在国家倡导绿色物流概念,要求相关行业降低环境污染、减少资源消耗的背景下,改进物流业的能源消耗结构迫在眉睫。据相关学者统计,我国物流业是能源消耗的主要行业之一,物流业对化石能源消耗量仅次于工业,排在第二位。每年物流业需要消耗全中国大约91.2%的汽油和63%的柴油,位居各行业之首。中国物流业二氧化碳排放量从2004年的30 780万吨提升至2017年的92 501.53万吨,增速位居各行业首位。

物流业作为支撑国民经济发展的基础性、战略性、先导性产业,是连接国与国、城市与城市的"桥梁",也是现代化城市中的"毛细血管"。直接甲醇燃料电池物流车的诞生,为物流业提供了一种新的绿色交通工具。

诺贝尔化学奖得主乔治A·奥拉博士在《甲醇经济》中指出,在石油资源日渐枯竭的今日,人类必须寻找一种替代性能源来维持社会和经济的稳定发展,甲醇燃料凭借其较高辛烷值、绿色环保、便宜的价格和丰富的储量等优势,将越来越广泛地应用在汽车发动机上,成为了继天然气之后的又一大汽油替代品。

2.1.6 储能式无轨电动物流车

1. 储能式无轨电车技术线路介绍

储能式无轨电车类似于城市里常见的无轨电车,主要依靠空中电网为车辆提供动力。不同的是,储能式无轨电车还装有动力电池,脱离空中电网时,由动力电池提供动力。德国西门子目前正在重卡上应用该技术,暂时还处在试验阶段。

图2-20 试验中的储能式无轨电车

图2-21 配套的空中电网

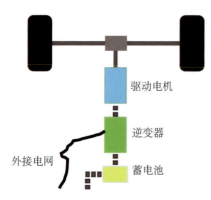

图 2-22 储能式无轨电车技术路线

2. 储能式无轨电车优势

① 购置成本较低:储能式无轨电车只要装少量电池,脱离空中电网时使用,明显降低了车辆价格。

② 使用成本低:由于电网直接驱动电机,并没有经过电池,可以减少 10% 的能耗,使用成本比纯电动还节省 10%。

③ 车辆自重轻:由于只装有少量电池,车辆自重要轻很多。预计重卡比传统重卡轻 400 kg。

3. 储能式无轨电车劣势

① 基础设施投入大:储能式无轨电车要建设空中电网,投入成本高。

② 活动范围有限:储能式无轨电车自身电量少,行驶距离短,高度依赖空中电网。

4. 储能式无轨电车与传统车经济性对比

该技术线路目前在重卡上使用,所以也主要跟传统重卡对比。

表 2-21 各类重卡总成本详细对比表

项目		柴油 6×4 牵引车	LNG 6×4 牵引车	储能式无轨电动 6×4 牵引车	关键假设条件
购置成本(元)	裸车价	310 000	390 000	320 000	
	购置税	26 496	33 333	0	
	国家补贴	0	0	−17 500	2018 年补贴政策,装 50 度电计算
	地方补贴	0	0	0	
	购车成本小计	336 496	423 333	302 500	
运营成本	车船税(元)	900	900	0	
	保险费(元)	32 000	34 000	30 000	按 100 万第三险
	燃料成本 百公里能耗	37 L	37 kg	122	
	燃料成本 燃料单价	6.3 元/L	4.5 元/kg	1.5 元/kWh	

续表

项目		柴油6×4牵引车	LNG6×4牵引车	储能式无轨电动6×4牵引车	关键假设条件
燃料成本	每公里成本（元）	2.33	1.66	1.83	
	年行驶里程	180 000 km			
	年燃料成本（元）	419 400	298 800	329 400	
自重损失成本	相比柴油车超重(t)	0	0.8	−0.4	
	吨公里运费	0.25元/t·km			
	年行驶里程	180 000 km			
	年空车率	30%			
保养费(元)		10 500	10 500	2 250	
维修费(元)		3 700	4 700	1 700	
年度费用小计（元）		466 500	374 100	350 750	
3年费用合计（元）		1 399 500	1 122 300	1 052 250	
二手车残值(元)		−186 000	−195 000	−136 000	柴油车残值按60%，液化天然气(LNG)车按50%，电车按40%
3年TCO总成本		1 549 996	1 350 633	1 218 750	按客户3年换车习惯计算

5. 储能式无轨电车小结

表2-22 储能式无轨电车优缺点总结

序号	优势	劣势	适用场景
1	购置成本较低	基础设施投入大	城际高速物流
2	使用成本较低	活动范围有限	
3	自重轻		

图 2-23 吉利甲醇重卡

2.1.7 甲醇等清洁能源物流车

1. 甲醇等清洁能源物流车技术线路介绍

甲醇物流车的原理跟传统车基本相同，区别在于甲醇物流车使用的是甲醇发动机，燃料为甲醇，而不是常见的汽柴油。目前甲醇物流车有吉利商用车上市的甲醇牵引车，陕汽、重汽也有相关产品正在研发中；其他清洁能源物流车还有天然气物流车，天然气物流车已经成熟，目前已广泛应用。

图 2-24 吉利甲醇发动机

2. 甲醇物流车优势

① 清洁环保：甲醇排放物主要是二氧化碳和水，其他污染物比较少，在限制柴油车的华北区域、限制燃油车进城的城市物流有较大路权优势。

② 使用成本低：由于甲醇燃料相对便宜，使用甲醇燃料后比使用柴油约节省15%。

③ 车辆结构变动少：甲醇物流车对传统车结构改动很小，只需要把燃油发动机替换为甲醇发动机，油箱改为防腐蚀油箱。

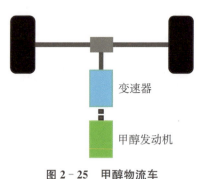

图 2-25 甲醇物流车

3. 甲醇物流车劣势

① 加注不方便：目前甲醇加注站非常少，全国只有26座，相比加油站微不足道。

② 动力稍弱：同等排量下，甲醇发动机的动力性稍微弱于燃油发动机，与天然气发动机相当或者稍强。

表 2-23 甲醇物流车与传统车经济性对比

项目			柴油 6×4 牵引车	甲醇 6×4 牵引车
购置成本（元）	裸车价		310 000	310 000
	购置税		26 496	26 496
	国家补贴		0	0
	地方补贴		0	0
	购车成本小计		336 496	336 496
运营成本	车船税（元）		900	900
	保险费（元）		32 000	32 000
	燃料成本	百公里能耗	37 L	92.5 L
		燃料单价	6.3 元/L	2 元/L
		每公里成本（元）	2.33	1.85
		年行驶里程	180 000 km	
		年燃料成本（元）	419 400	333 000
	保养费（元）		10 500	10 500
	维修费（元）		3 700	4 650
	年度费用小计（元）		466 500	381 050
	3 年费用合计（元）		1 399 500	1 143 150
二手车残值（元）			−186 000	−155 000
3 年 TCO 总成本			1 549 996	1 324 646

表 2-24 甲醇物流车优缺点总结

序号	优势	劣势	适用场景
1	清洁环保	加注不方便	1. 甲醇比较丰富的区域；
2	使用成本低	动力性偏弱	2. 城际、城市、城乡物流。
3	结构变动少		同时满足 1、2 条件

2.2 产品与技术表现

1. 新能源主销车型

（1）纯电动微面畅销车型

纯电动物流微面畅销车型覆盖 4.3~5.2 m³，续航里程在 250 公里左右。

表 2-25 纯电动微面车型

车辆图片						
品牌	奇瑞	东风小康	重庆瑞驰	华晨鑫源	山西成功	福田
子品牌	开瑞优优	EC36	EC35	金杯小日系轻客 EV300	V2E	祥菱
公告型号	SQR5021XX YBEVK061	DXK6450EC 5BEV	CRC5030XX YE-LBEV	JKC6451 AXBEV	SCH5022 XXY-BEVC	BJ5035X XYEV2
轴距 (mm)	2 800	3 050	3 050	2 925	2 850	2 995
车长 (mm)	4 430	4 500	4 500	4 495	4 330	4 495
容积 (m³)	4.7	4.8	4.8	5.2	4.3	4.8
电池 (kWh)	磷酸铁锂 国轩 40	三元锂 桑顿 41	锰酸锂 星恒 41	三元锂 力神 49	三元锂 智航 44	三元锂离子 力神 50.6
综合续航 (km)	254	252	225	305	240	324
电机 (kW)	深圳大地和 30/60	湘电莱特 30/60	湘电莱特 30/60	精进电动 40/75	河南新能 18/45	北汽福田 35/80
制动	前盘后鼓	前盘后鼓	前盘后鼓	前盘后鼓	前盘后鼓	前盘后鼓
悬架	前独立后板簧	前独立后板簧	前独立后板簧	前独立后板簧	前独立后板簧	前独立后板簧
轮胎	185/65R15LT	185R14LT	185R14LT	175/70R14C	175/70R14LT	185R14
空调	有	有	有	有	有	有

资料来源：谦鸣咨询

相比 2017 年,微面依然占据最高的市场份额,主要原因是物流快递末端需求量大,价格便宜。微面畅销排名变化比较大,2017 年排名第一的陕汽通家跌出前 5,山西成功进入前 5,主要原因是陕汽通家 2017 年车辆运营状况不好,国补资金没有到位,资金链断裂。2018 年各车型续航里程更长,主要原因是国家对新能源汽车补贴门槛的提高,电池能量密度提高。

表 2-26 纯电动轻卡车型

车辆图片						
公告型号	EQ5045XXYTBEV4	JX5043XXYTGD25BEV	DNC5047XXYBEV05	CGC5044XXYBEV1NBLJEAGY	SH5047XXYZFEVNZ	BJ5045XXYEV3
品牌	东风	江铃	吉利	大运	跃进	福田
子品牌	华神	凯锐 EV	远程 E200	E200	超越 EC100	欧马可智蓝
轴距(mm)	3 300	3 360	3 360	3 300	3 308	3 360
整车尺寸(mm)	5 995×2 100×2 970,3 030	5 995×2 225×3 135	5 995×2 100×3 050,3 150	5 995×2 250×3 070	5 995×1 980×2 800	5 995×2 240×3 180
货箱容积(m³)	14.3	18.9	17.8	18.3	13.7	4 140×2 100×2 100,18.2
标准载重(t)	1.5	1	1.3	1.3	1.5	1.3
电池(kWh)	三元锂 宁德时代 72	磷酸铁锂 宁德时代 82	磷酸铁锂 宁德时代 82	三元锂 比克电池 78	磷酸铁锂 宁德时代 79	磷酸铁锂 力神/104.7
综合续航里程(km)	240	325	330	310	295	260~410
电机(kW)	精进电动 75/134	厦门大地和 60/120	吉利四川 50/100	南京越博 45/85	苏州众联 70/115	北汽福田 60/100
悬架	2/3	4/3+3, 4/5+6	2/3	3/3+3	8/8+7	钢板弹簧悬架
轮胎	6.50R16LT	7.00R16LT 8PR	6.50R16LT 10PR 6.50R16LT 12PR	6.50R16LT	7.00R16 8PR	7.00R16

资料来源:谦鸣咨询

(2) 纯电动物流轻卡主销车型

2018年,纯电动轻卡畅销车型较往年更贴近市场需求,各车型续航里程更长、货箱容积更大,但载质量仍然偏小。方量在13.7~18.9 m³,续航里程在240~330公里。

(3) 纯电动物流轻客畅销车型

纯电动物流轻客车型集中在欧系(欧系轻客车型)和日系(日系轻客车型)。欧系中以5.9 m为主,日系以5.3 m左右为主。方量集中在8 m³、12 m³左右。续航里程在200~364公里。

2018年对比2017年的明显变化就是轻客销量下降,主要跟补贴有关。

2. 车型变化趋势

在新能源物流车市场竞争激烈和国家、地方补贴退坡的形势下,2019年新能源物流车型呈现如下变化趋势。

(1) 微面车型

① 在载货容积方面:载货空间越大越受市场青睐。但是,考虑减少开发成本的投入,目前市场上的纯电动微面基本都是从燃油车改制而成,少有正向开发的车型,因此在微面的空间拓展受到了较大的限制。前些年市场上的微面主要车型都集中在3.5~4.7 m³之间,主要以5 m³载货容积的微面车型最受欢迎,预期未来几年也不会有较大的变化。

② 载货质量方面:近年的微面载货质量基本在0.7~1.1 t之间,少量超载也是普遍现象。纯电动微面主要用途大多集中在快递小件以及文件类资料,各车型基本都能满足载重需求,因此载货容积不是主要的购车考量因素。

③ 续航需求方面:调研发现,自2019年开始,微面的工况续航里程比较集中在200~250 km之间,电量基本集中在35~42 kWh之间,未来市场可能会针对不同需求细分电量等级。

④ 质保期限方面:由于新能源物流车在国内应用较晚,客户在选择新能源物流车的同时,难免对车辆的安全性、稳定性、使用寿命(尤其电池的使用寿命)的担忧,车辆的质保周期也因此成为一个重点考虑因素。国家也为此组织了《家用汽车产品修理、更换、退货责任规定》(汽车三包规定)的修订,将新能源汽车动力电池正式纳入"三包"责任。目前市场上大多的纯电动微面的整车质保为2年或5万公里(以先到为准),电池质保为5年或20万公里。

(2) 轻卡车型

由于补贴效应,前些年的轻卡电量普遍配置较高。2019年,在补贴退坡和

表 2-27 纯电动物流轻客车型

车辆图片							
公告型号	XML5036X XYEVL03	NJL5032XX YBEV1	SC5033XX YJBEV	NJ5047XX YCEV3	SH5041XXY A7BEV-6	BJ5039XX YEV4	BJ5048XX YEV5
品牌	厦门金旅	南京金龙	长安	南京依维柯	上汽大通	福田风景	福田
子品牌	龙运 GLE850	D10	睿行 EM80	宝迪 EV	EV80	风景 G7 智蓝	图雅诺
轴距(mm)	2 890	2 890	3 010	3 310	3 850	3 050	3 750
车长(mm)	5 330	5 200	4 805	5 990	5 700	5 320	5 990
容积(m³)	8.2	8.1/7.3	6	13	10.8/12.1	8.2	10.4
电池(kWh)	磷酸铁锂 惠州亿鹏 52	三元锂 南京创源 44	三元锂 星恒电源 46	磷酸铁锂 宁德时代 78	锰酸锂 盟固利 71	磷酸铁锂 CATL 50.23	磷酸铁锂 力神 69.81 盟固利 79.9
综合续航(km)	200	200	248	355	365	240	350 360
电机(kW)	阳光电源 45/87	上海力信 58/100	深圳大地和 30/60	南车时代 60/100	无锡众联 60/100	北汽福田 39/85	北汽福田 55/100 55/90
制动	前盘后鼓	前盘后鼓	四轮盘式	前盘后鼓	四轮盘式	前盘后鼓	前盘后鼓
悬架	前扭杆弹簧式悬架/后板簧悬架	前扭杆弹簧悬架/后板簧悬架	前麦弗逊独立悬挂/后钢板弹簧	前麦弗逊独立悬挂/后钢板弹簧	前麦弗逊独立悬挂/后钢板弹簧+筒式减振器	前双横臂独立悬架/后钢板板簧	前麦弗逊独立悬架/后钢板板簧

续表

	195/70R15LT 10PR	195/70R15LT 10PR	185R14LT	195/75R16LT 10PR	215/75R16LT	195R15C	215/75R16C
轮胎							
空调	有	有	有	有	有	有	有
门窗/中控锁	手动/选配中控锁	手动/选配中控锁	电动门窗+机械钥匙	电动门窗+中控锁	电动+中控锁	机械锁/选装中控锁+电动窗	电动窗/遥控锁

资料来源：谦鸣咨询

市场的续航需求综合因素的影响下,各品牌纯电动轻卡的电量基本控制在79～86 kWh之间,未来随着电池成本的不断降低和运输区间范围的拓展,有可能进一步提升电量来增加续航。自2018年至今,电动轻卡一直存在整备质量超重的问题,导致无法上牌,各大主机厂都在致力于降低车身自重,如使用轻量化货箱、减少电池重量等措施。

(3) 轻客车型

在新能源轻卡路权开放的环境下,新能源轻卡对轻客的替代作用明显,轻客车型需求相对下降。未来随着对新能源轻卡路权的进一步放开,该趋势将进一步加强。

3. 新能源汽车电池配套

当前,高能量密度的三元锂电池体积较小,比较适合应用于布置空间有限的微面和轻客等高续航产品上。磷酸铁锂电池虽然能量密度较低,但具有成本低、安全性好、寿命长等优势,且技术上仍有提升空间,是商用车电池的重要技术路线。2018年,主流产品倾向选用磷酸铁锂电池。

目前,动力电池市场供需失衡,一方面宁德时代、天津力神这些企业供不应求,电池价格居高不下,车企反映自身议价能力很弱。另一方面,中小型电池厂质量差,且供货不稳定。长此以往,整个产业生命力和活力会下降。

(1) 三元电池能量密度

随着高镍配方技术成熟发展,动力电池能量密度逐年提升。2019年,随着811高镍三元动力电池的逐步应用,单体能量密度已经达到260 Wh/kg,比2015年上升了62%。新能源物流车的动力电池PACK也达到了125～165 Wh/kg。

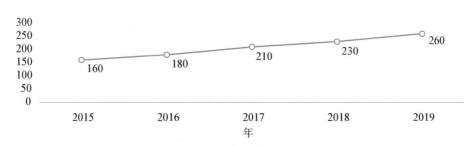

图2-26 三元电池单体能量密度(单位: Wh/kg)

数据来源:谦鸣咨询

电池配套企业梯队明显。在新能源物流车电池配套企业中,少量头部企业份额较大,占据50%以上,处于第一梯队;大量企业处于第二梯队,市场份额基本在5%以内。电池企业排名波动剧烈,反映市场暂时还不成熟。

(2) 纯电动轻卡电池配套情况

表 2-28 纯电动轻卡电池配套情况

电池品牌	2017 年电池 TOP10				电池品牌	2018 年电池 TOP10				主要配套企业
	电池销量(kWh)	电池销量份额	配套台数(辆)	配套份额		电池销量(kWh)	电池销量份额	配套台数(辆)	配套份额	
沃特玛	933 759	25%	21 318	39%	宁德时代	1 254 836	47%	15 098	48%	东风、江铃、吉利
宁德时代	714 672	19%	7 979	14%	合肥国轩	224 715	8%	2 452	8%	楚风、江淮
比克电池	403 209	11%	5 188	9%	北京国能	162 493	6%	1 924	6%	解放、楚风
中航锂电	213 516	6%	2 636	5%	比克电池	146 196	6%	1 875	6%	大运
新太行	195 592	5%	2 361	4%	力神电池	138 823	5%	1 779	6%	陕汽
鹏辉电池	207 427	6%	2 245	4%	欧鹏巴赫	94 585	4%	998	3%	江淮
北京国能	138 375	4%	1 768	3%	中航锂电	91 953	3%	1 075	3%	东风
中盐	124 542	3%	1 683	3%	山东玉皇	66 989	3%	764	2%	东风
亿纬锂能	60 851	2%	1 122	2%	桑顿新能源	50 685	2%	604	2%	陕汽
星恒电源	86 825	2%	1 085	2%	盟固利	34 219	1%	409	1%	福田
其他	649 859	17%	7 963	14%	其他	387 765	15%	4 644	15%	/
总计	3 728 627	100%	55 348	100%	总计	2 653 259	100%	31 622	100%	/

数据来源：上牌保险数、工信部

(3) 纯电动轻客电池配套情况

表 2-29 纯电动轻客电池配套情况

电池品牌	2017 年 TOP10				电池品牌	2018 年 TOP10			
	电池销量(kWh)	电池份额	配套台数(辆)	配套份额		电池销量(kWh)	电池份额	配套台数(辆)	配套份额
江苏智航	416 575	28%	5 707	25%	江苏智航	102 099	11%	1 361	9%
合肥国轩	178 177	12%	2 544	11%	惠州亿鹏	94 135	10%	1 807	12%
创源天地	169 136	11%	3 844	17%	宁德时代	92 050	10%	1 199	8%
江苏金阳光	159 291	11%	2 171	9%	创源天地	89 804	9%	1 932	13%
深圳比克	147 649	10%	1 948	8%	江苏金阳光	81 664	8%	1 110	7%
江苏正昀	123 050	8%	2 486	11%	盟固利	77 653	8%	1 158	8%
盟固利	60 666	4%	948	4%	亿纬锂能	73 689	8%	1 502	10%

续表

电池品牌	2017年 TOP10				电池品牌	2018年 TOP10			
	电池销量(kWh)	电池份额	配套台数(辆)	配套份额		电池销量(kWh)	电池份额	配套台数(辆)	配套份额
远东福斯特	49 280	3%	616	3%	星恒电源	67 404	7%	1 457	9%
天津力神	37 298	3%	569	2%	力神电池	56 580	6%	631	4%
江苏海四达	18 986	1%	301	1%	合肥国轩	47 006	5%	524	3%
其他	120 371	8%	2 070	9%	其他	181 251	19%	2 737	18%
小计	1 480 479	100%	23 204	100%	小计	963 335	100%	15 418	100%

数据来源：上牌保险数、工信部

2.3 发展趋势及解决方案建议

1. 能量密度和安全性并举

随着高镍三元、全固态电池等技术的商业化应用，电池能量密度继续大幅上升。能量密度的提升有助于新能源物流车的轻量化。目前，新能源轻卡的电池系统自重达到 720 kg，如果到 2025 年电池能量密度达到 400 Wh/kg，则电池系统自重可以下降到 400 kg 左右，基本与传统车的动力系统重量相当。

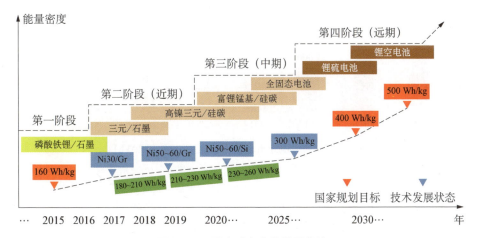

图 2-27 国内动力电池发展趋势

数据来源：谦鸣咨询、《中国制造 2025》

当前，高能量密度的三元锂电池体积较小，比较适合应用于高续航产品上。磷酸铁锂电池虽然能量密度较低，但使用寿命和安全性明显超过三元电池，所以在安全性更高的固态电池等技术尚未成熟应用的今天，仍然需要大力发展磷酸铁锂电池。

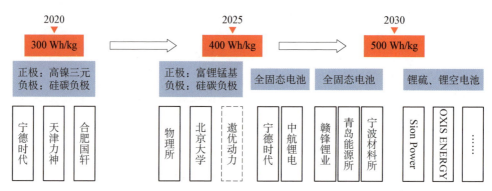

图2-28　各阶段的主要技术线路

数据来源：谦鸣咨询搜集整理

2. 继续技术降本

（1）继续大幅降低动力电池价格

继续通过提高电池生产工艺、控制原材料价格，采用新的电池技术，加速降低动力电池的价格。预计到2025年，动力电池价格预计在700元/kWh，相比2018年下滑50%。

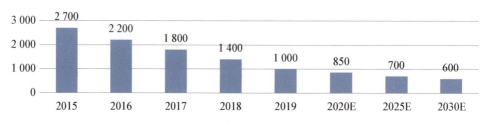

图2-29　动力电池市场价格预测（单位：元/kWh）

数据来源：谦鸣咨询预测，《汽车产业中长期发展规划》

（2）各类控制器降本

当前由于新能源车市场规模较小，各类控制器产品处于初期阶段，随着新能源物流车市场规模的扩大，预计各类控制器性能将得到快速提升，成本将大幅下降。

（3）动力电池和控制器成本下降，新能源物流车价格也会稳步下滑

预计 2025 年，纯电动轻卡整车价格 17 万元左右，相比 2019 年下降 3 万元；深混增程式轻卡整车价格 16 万元，相比 2019 年下滑 2 万元；轻混增程式轻卡价格 17.5 万元，相比 2019 年下滑 2 万元；插混轻卡整车价格 21 万元，相比 2019 年下滑 1 万元；柴油轻卡则因为排放升级，2025 年价格 12 万元，相比 2019 年上涨 1.5 万元。

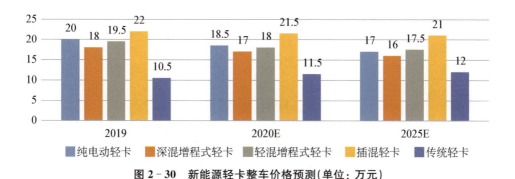

图 2-30　新能源轻卡整车价格预测（单位：万元）

数据来源：谦鸣咨询预测

3. 鼓励发展多条技术线路

在补贴政策和技术成熟度的双重作用下，目前，由于新能源物流车中 95% 以上为纯电动，燃料电池和增程占据剩下的 5%，技术线路比较单一。鉴于不同的技术线路有不同的应用场景，建议发展多种技术线路。

第三章 应 用

3.1 应用场景概述

物流行业的应用场景复杂多样,主要分析新能源物流车应用重点行业,如快递、电商自建物流、城配和整车市场。

1. 快递行业及应用场景分析

纯电动物流车适合快递企业使用如下。

① 快递企业运输货物比较轻:中国快递企业运输的快递包裹中 90% 以上重量在 3 kg 以下,而 1 kg 以下的快递包裹占比就高达 70% 以上。

② 快递企业组织化程度高:中国物流起步晚、组织化程度不高、"小散乱"情况显著。在件量、收入高速增长的助推下,中国快递企业率先完成了公司化、组织化的改造,形成了上下衔接紧密的运作流程。

③ 快递企业规模化效应显著:巨大的业务量和超出绝大多数行业的增长速度使得快递企业在前后揽派、支线运输和干线运输上都具备了较强的规模效应。

④ 快递企业学习传导速度快:以"通达系"为代表的中国快递企业受惠于同源性,使得相互学习的成本较低,一旦被证明行之有效的经营策略会迅速在行业之间被学习、效仿。

基于以上原因,快递企业便成为纯电动物流车的重点营销对象。

(1) 快递行业整体情况

2018 年,中国快递行业全年完成快递业务量 507.1 亿件,同比增长 26.6%,完成快递业务收入 6 038.4 亿元,同比增长 21.8%。不论是从收入还是从件量来看,中国快递行业在最近 5 年仍然保持着高位增长,行业收入复合增速 33.2%,行业件量复合增速高达 40.7%。从 2017 年开始,在传统电商增长日渐

图 3-1 中国快递行业收入与增速

数据来源：国家邮政局、Wind

图 3-2 中国快递行业件量与增速

数据来源：国家邮政局、Wind

趋稳的影响下,快递行业收入、件量增速出现不同程度的下滑,但下滑幅度逐年趋缓。随着以拼多多为代表的社交电商,以抖音为代表的网红电商,和其他诸多的新零售的异军突起,中国快递行业注入新的增长动力。传统电商增速放缓、线上获客成本持续增加,迫使传统电商不得不进一步削减物流成本;新型电商出现给快递行业带来了新的业务量,但其渠道的深度下沉和低客单价,也使得其选择更具性价比的快递服务商,这给整个快递行业带来的是更进一步的成本压力。整个快递行业的平均单价呈现振荡式下降的趋势,2019年,快递重镇义乌地区甚至出现1 kg以下快递包裹1.3元/票全国包邮的历史低价,竞争的激烈程度可见一斑。

图3-3 中国快递行业单件收入与变化趋势

数据来源:国家邮政局、Wind

(2) 快递行业件量分布

2018年全年,同城快递业务量完成114.1亿件,同比增长23.1%,占总业务量22.5%;实现业务收入904.7亿元,同比增长23.6%,占总收入15%。异地快递业务量完成381.9亿件,同比增长27.5%,占总业务量75.3%;实现业务收入3 101.9亿元,同比增长23.4%,占总收入51.4%。国际/港澳台快递业务量完成11.1亿件,同比增长34%,占总业务量2.2%;实现业务收入585.7亿元,同比增长10.7%,占总收入9.7%。

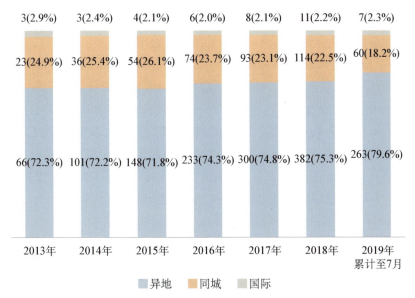

图 3-4　中国快递行业件量分布（单位：亿件）

数据来源：国家邮政局、Wind

自 2013 年至今，异地件一直都保持在 71% 以上的高位占比，2016 年以后这一比例逐年升高。如果说中国快递早期受益于以淘宝为代表的 C2C 电商模式，建立并逐步壮大了网络型快递，那么，随着京东、天猫的崛起，B2C 电商已经逐步超越 C2C 电商成为中国电商的主流。在 B2C 电商交易模式下，选择靠近客户的布仓发货已成趋势。但是，考虑到城市的土地成本、人工成本及交通状况，越来越多的电商仓选择布局在城市的周边，盛极一时的城市仓快速被城市周边仓所取代。以上海地区为例，目标客户在上海市的 B2C 电商商家在昆山市陆家镇设仓会比在上海市嘉定区设仓具备更好的成本优势，同时时效差异相差无几。在当前统计口径下，这种服务于一个经济区的跨城短距离快递形成了对同城快递的强势替换。然而，拼多多、抖音等新型社交电商的目标客户较为离散，这也进一步助推了异地快递的进一步发展。

（3）快递行业件量结构（揽件地区）

2018 年全年，东部地区完成快递业务量 405 亿件，同比增长 24.6%，占总业务量 79.9%；实现业务收入 4 830.8 亿元，同比增长 20.4%，占总收入 80%。中部地区完成快递业务量 62.4 亿件，同比增长 34.8%，占总业务量 12.3%；实现业务收入 678 亿元，同比增长 26.9%，占总收入 11.2%。西部地区完成快递业务量 39.7 亿件，同比增长 35.5%，占总业务量 7.8%；实现业务收入 529.6 亿元,同比增长28.9%,占总收入8.8%。

2018年快递业务量排名前5位的省份或直辖市分别是广东、浙江、江苏、上海和北京。这5省市快递业务量合计占总业务量65.4%,比2017年同期下降2.1个百分点。快递业务收入排名前5位的省份或直辖市分别是广东、上海、浙江、江苏和北京,收入合计占总收入66.6%,比2017年下降1.9个百分点。

2018年快递业务量排名前15位的城市依次是广州、金华(义乌)、上海、深圳、杭州、北京、东莞、苏州、成都、泉州、揭阳、武汉、温州、宁波和南京,15城快递业务量合计占总业务量57.5%。快递业务收入排名前15位的城市依次是上海、广州、深圳、北京、杭州、金华(义乌)、东莞、苏州、成都、武汉、天津、南京、宁波、泉州、郑州,15城快递业务收入合计占总收入60.8%。

图3-5 中国快递行业件量(东部、中部、西部)结构(单位:亿件)

数据来源:国家邮政局、Wind

(4)近3年快递行业件量口径下的市场集中度

行业集中度逐年提升,其中CR3、CR4、CR6的增长幅度明显高于CR8,一线快递企业竞争愈发激烈,二三线快递生存困难。快递市场历经多年的充分竞争,正在不断分化,当前处于龙头竞争向寡头竞争演变阶段,龙头竞争不断加剧。二三线快递企业纷纷退出或转型:优速快递突发变故被壹米滴答整合;国通快递下发停工放假通知,"预计将长期处于停工状态";如风达快递官方微博发布公告"暂停业务";全峰快递屡遭员工讨薪、网点瘫痪,遭到法院查封;快捷快递与申通合作失败后淡出快递市场;天天快递被苏宁物流收购;安能快递退出快递市场,专注于快运市场;德邦快递深度转型至大件快递市场。

强化成本管控、提升运营效率已成为快递企业竞争的关键。运输、配送车辆作为快递企业的主要生产工具也已成为降本增效的焦点之一。中国新能源物流车能不能在节能减排的同时,给整个行业带来成本降低、效率提升,是摆在快递企业决策者面前的一大难题。在国家补贴退坡的大趋势下,新能源物流车如何满足快递客户的降本增效诉求,已经成为行业关注的焦点。

图3-6 件量口径下中国快递行业集中度

注:CR3是行业排名前3位企业的件量总和占行业总件量的百分比。CR4、CR6和CR8以此类推。

数据来源:物流信息互通共享技术及应用国家工程实验室

(5)中国快递行业的运输设备情况

服务国内快递专用货机116架,在2017年年底的基础上增加了16架;服务国内快递汽车23.9万辆,较2017年底数量增长了7.7%。2018年,中国人均使用快递36.4件,人均支出快递费用432.7元。

(6)中国和国际快递业的异同

受发展历史、驱动因素、居住习惯、道路法规等多方面影响,中国快递和国际快递(以美国快递企业为代表)分别形成了各具特色的本土快递业务模式。接下来我们从业务流程上分析中国自营型快递企业、中国加盟型快递企业及国际快递企业在用车场景上的异同。

中国快递和国际快递在地面包裹的干线运输上都追求低的运输成本和更高的运输效率。1995年,UPS与BNSF合作,在芝加哥分拣中心(Chicago Area Consolidation Hub,CACH)开始使用多式联运方式运输UPS美国国内快件。到2016年,UPS国内快件总量的40%从CACH发出并通过BNSF运输。除铁

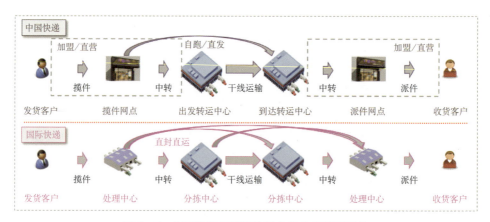

图 3-7　中国快递与国际快递企业业务流程对比

数据来源：物流信息互通共享技术及应用国际工程实验室

路运输以外，UPS、FedEx 大量使用中置轴和半挂车型。近几年，圆通、中通、韵达、申通等中国快递企业也不断增加购置 15 m 以上大运力半挂车型，引入中置轴车型扩充干线运力。

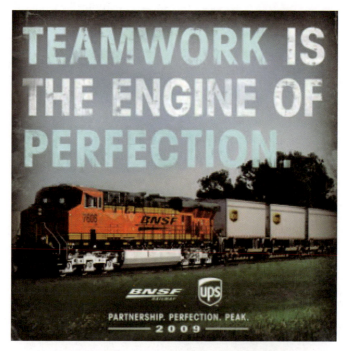

图 3-8　UPS 与 BNSF 合作多式联运之平车装运拖车（TOFC）

数据来源：《UPS 与 BNSF 合作研究及启示》

图 3-9　国际快递企业 UPS、FedEx 使用的中置轴和半挂车型

数据来源：物流信息互通共享技术及应用国际工程实验室

在城市范围内的快递揽收、派送上，中外快递企业呈现出较大的不同。国际快递企业地面包裹业务的网络构成主要有分拣中心（如 UPS 的 Chicago Area Consolidation Hub）、处理中心和收派车辆。收派车辆直接面向客户，车辆驾驶员往往也就是快递员，城市配送车辆的数量和作业半径基本可以代表其网络覆盖范围。中国快递企业在转运中心之下是网点（如加盟企业的加盟商、直营企业的点部等），再往下是门店/快递员（也包含加盟企业的承包区）。快递员不必拥有驾照，电动两/三轮车是快递员揽派件的重要工具。支线与末端收派通过网点关联起来，网点数量、密度是中国快递企业收派网络的核心体现。载货汽车进城吨位限值（4.5 t）决定了中国快递企业在城市使用运输车辆的上限。电动两/三轮车采购成本低，使用成本低，灵活机动，更适合穿街走巷。这些机动车不具备的特质决定了电动两/三轮车在中国快递末端收派环节得到极大程度的广泛使用。在业务流程上，看似中国快递企业比国际快递企业要更长，但结合现有可使用的运输工具，中国快递企业获得了更低的成本、更高的效率、更大的处理能力、更稳定的服务时效和服务水平。近几年，受电子商务发展影响，同时为了进一步降低末端揽派成本，UPS、DHL 等国际快递企业也开始推出电辅助两/三轮车送货。由此可见，快递企业根据业务场景选择最适合的车型，中外莫不如此。

表 3-1 美国快递企业揽派车型

美国快递企业揽派车型	Cargo Van	P700	P800	P1000	P1100
型号列举	FORD TRANSIT 350 CARGO VAN	FEDEX FORD P700 CUTAWAY	FORD E350 CUTAWAY 16' CARGOPORT	FORD P1000 STEPVAN	FORD P1100 STEPVAN
车型轴距(m)	3.76	4.01	4.47	4.52	5.28
最大载重(t)	4.3	5.67	5.67	8.85	10.43
货仓空间(m³)	13.8	20	23.6	28	31.1

数据来源：物流信息互通共享技术及应用国际工程实验室

图 3-10 UPS、FedEx 在城市使用的揽派车型

数据来源：物流信息互通共享技术及应用国际工程实验室

图 3-11 国际快递企业推出的两/三轮车

数据来源：同上

2. 电商自建物流应用场景分析

为进一步提升配送时效和服务水平,创造更好的购物体验,中国电商企业纷纷建立自己的物流系统,像京东物流、菜鸟供应链、苏宁物流、品骏快递、如风达快递等。与顺丰速运、圆通速递等网络型快递企业不同,电商自建物流基本都是围绕电商销售区域,以仓储业务作为核心,在此基础上不断扩展物流快递网络,从而形成从仓到客户的配送体系。这也决定了自建物流的电商几乎清一色的是B2C模式的电商,像京东、天猫、苏宁、唯品会、凡客诚品等都是如此。国外的电商企业也是如此,B2C模式的Amazon拥有Amazon Logisitics,而C2C模式的eBay不论是引入eBay Postage,还是收购当日递公司Shutl(eBay从未完全整合过Shutl的当日送达服务)都无法称得上是自建物流。

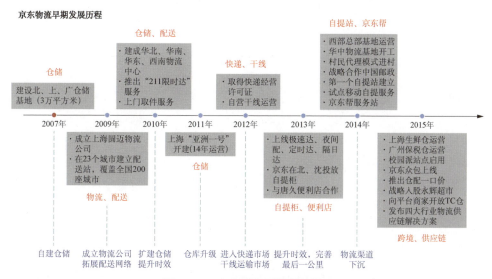

图3-12 京东物流早期发展历程

数据来源:物流信息互通共享技术及应用国家工程实验室

电商企业自建物流是围绕电商企业自身需求开展的,不仅仅是电商快递和配送服务。经过10余年的发展,京东物流在2018年确立了京东快递、京东供应链、京东冷链、京东快运、京东跨境和京东云仓六大产品体系,基本形成对京东电商业务全场景物流服务的完全覆盖。由菜鸟供应链控股的丹鸟物流在2019年面世之初就发布了B2C仓到门、B2B配送上门和O2O即时配送三大服务产品,专注于电商的城市配送。菜鸟供应链注册成立的溪鸟物流则侧重于农村物流,推动乡村共配。加上菜鸟网络下属的菜鸟园区、菜鸟仓配联盟、菜鸟驿站、菜鸟裹裹等服务内容,阿里也已大致完成了对阿里旗下各电商业务的全链路物流服务的总体布局。

电商自建物流中快递配送在各业务占比最高,与新能源物流车关系最大。从实际业务表现看,京东快递、丹鸟物流等电商自建物流主要功能是为电商业务提供配送服务,属于典型的区域型配送。不同于网络快递企业的业务逻辑,电商自建物流注重仓库和配送网络的建设,突出表现是其业务流向往往是单向配送,注重精细化和专业化,具备更强的区域配送能力,加之仓库选址倾向于距离客户更近、派送频次更密,使得时效上要优于一般快递企业。例如,京东快递在其客户订单产生后,会触发物流订单,配送执行开始。一般在京东物流的区域仓/前置仓(RDC/FDC),商品经过称重复核并贴上物流电子面单,经分拣后运输至分拣中心再次分拣、中转,由分拣中心运输至站点后向客户末端配送。对比网络型快递企业,受配送频次影响,京东物流支线运输、传站运输的频次更高,使用的车型更小,而末端配送使用的车型基本与网络快递企业一致。

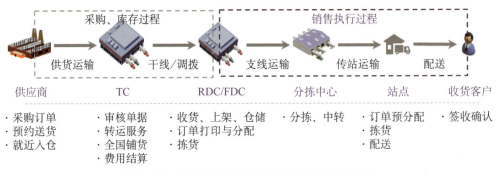

图 3-13 京东货物流动暨京东物流配送运作示意

数据来源:物流信息互通共享技术及应用国家工程实验室

近些年,电子商务在中国得到极大发展,尽管社交电商、新零售等新的线上交易模式频出,但 B2C 电商模式在 5～10 年内仍将占有重要的市场地位,而与之对应的电商自建物流也将极具生命力。当前,电商自建物流逐渐清晰的趋势如下。

(1) 向供应链综合服务发展

为了获得更好的客户体验,电商自建物流应该像合同物流服务商一样,针对核心用户群体需求不断深化服务。在客户周边建仓,用空间换时间,牺牲部分装载效率,提升干线时效;在成本较高、环境更复杂的末端派送上,通过多频次派送减少客户等待送货时间;使用更高品质的工具、设备;实行全链路管控等。这些供应链标准的服务确实让客户拥有了更好的使用感受,但也推高了电商自建物流的成本。

(2) 逐步向社会开放

京东董事长刘强东在内部邮件曾表示,扣除内部结算,2018年京东物流亏损总额超过28亿元,这也是京东物流连续亏损的第12年,核心原因在于外部单量太少,内部成本太高。也正是基于此,京东物流先后开放了仓储、快速分拨中心(TC)、干线物流、个人快递等业务。而主要解决淘系退货的菜鸟裹裹上线伊始就接受个人散件服务。Amazon很早便开始为平台卖家提供FBA(Fulfilled-by-Amazon)服务,并于2015年在中国开展亚马逊物流＋项目。

(3) 与第三方物流(3PL)深层次协同

电商自建物流呈现的高时效、高品质服务是由其单向多频次发运派送和供应链深度服务特定客户所决定的,这也导致了电商自建物流的履约成本高于提供普遍服务的网络型快递。网络型快递提供的标准化服务在确保一定服务水准的情况下实现了成本最优。随着网络快递企业的竞争加剧和客户对时效、服务需求的提升,网络型快递企业正不断优化、提升自身时效、服务。只有与第三方物流深层次协同,才能够更好地服务电商客户。

3. 城配行业应用场景分析

城市配送备受行业关注,创新频出。《中国新能源物流车发展报告2018版》重点分析了商超型配送、电商型配送和生产型配送3种城市配送类型。在其基础上延展和进一步分析。从业务模式看,城市配送主要分为B2B配送、B2C配送和C2C配送3类,提供的核心服务是配送,不同企业会在配送服务之外提供商贸、仓储和其他增值组合服务。从组织模式来看,城市配送分为直营、合作、加盟、平台(尤以撮合交易平台为代表)等形式。从链路来看,城市配送相较于快递、零担等行业较短,但由于其客户个性化要求更高,服务非标属性更强。相对来说,快递、零担更容易实现标准化从而实现规模效应。城市配送受制于团队能力、操作标准、地区经验,本地资源优势的可复制性并不强,做好一个区域的城市配送容易,做好、做大全国性的城市配送非常困难。业务相对单一,价格透明度高,除大客户外,订单计划性和稳定性较差,规模效应不足等,城市配送营业成本较高,也使得城市配送企业在保障基本服务品质的情况下,选择持有少量自有车辆,通过合作的形式(租赁、外协和个体司机等)平衡成本和不稳定的订单需求。这也进一步导致中国城市配送的车辆非常分散,个体司机形式居多。除云鸟、快狗打车、货拉拉、易货嘀、驹马物流5个平台型企业外,24个城市配送企业的自有车辆数合并占总车辆数的比例不到5％,考虑平台型企业和纯个体司机的情况,城配企业自有车辆的占比将会更低。

表3-2　中国城市配送企业

公司名称	服务行业	典型客户	自有车辆（辆）	合作车辆（辆）含租赁、外协和个体司机等
青岛日日顺物流有限公司	家电、家居、3C电子、快消、电商等	海尔、美的、TCL、曲美家居、大自然家居、Panasonic、Philips、京东、天猫等	2 000	96 000
江苏苏宁物流有限公司	电器、数码、快消、家居家装、电商等	美的、格力、康佳、长虹、创维、志高空调、OPPO、剑南春、顾家家居、苏宁易购、苏宁云商	5 000	50 000
安迅物流有限公司	家电、3C电子、零售、电商等	美的、海尔、TCL、海信、格力、长虹、亚马逊、国美在线等	500	6 230
深圳怡亚通供应链股份有限公司	日化、快消品、家用电器、通讯等	宝洁、联合利华、海尔、苹果等	500	1 000
深圳市凯东源现代物流股份有限公司	零售、快消、日化等	沃尔玛、天虹、华润万家、大润发、怡宝、雪花啤酒、深圳盐业、王老吉、屈臣氏、联合利华、立白、纳爱斯等	600	1 400
上海有常物流有限公司（唯捷城配）	餐饮、零售、快消、电商等	味千拉面、星巴克、钱大妈、来伊份、阿里零售通、京东等	2 000	16 000
北京云鸟科技有限公司	零售、快消、生鲜食品、汽车后市场、3PL等	金鼎轩、天天果园、苏宁物流、日日顺物流、宅急送等	0	800 000
天津五八到家生活服务有限公司（快狗打车，原58速运）	3PL、电商、零售、快消、搬家等	顺丰、德邦、京东、唯品会、惠民网、天虹、每日优鲜、可口可乐、摩拜单车、个人等	0	1 800 000
深圳货拉拉科技有限公司	3PL、电子、零售、快消、电商、医药、搬家等	中铁物流、九方通逊、原飞航物流、来电科技、视睿电子、Seven-11、维他奶、电商、东阿阿胶、个人等	0	3 000 000

续表

公司名称	服务行业	典型客户	自有车辆（辆）	合作车辆（辆）含租赁、外协和个体司机等
杭州传化货嘀科技有限公司	零售、电商、3PL、家电家具、生鲜冷链等	十足便利、京东、德邦快递、春风物流、美的、苏宁易购等	0	90 000
马帮城配西安公司	快消	西安桃李、蒙牛等	147	527
浙江橘瓣科技有限公司（心怡科技子公司）	日化、零售、电商等	曼秀雷敦、雅芳、Today便利店、支付宝等	0	60 000
驹马物流	3PL、生鲜食品、服装、零售、电商等	顺丰、德邦、双汇、思念、KFC、三全、每日优鲜、阿迪达斯、耐克、沃尔玛、家乐福、麦德龙、金龙鱼、京东、苏宁、摩拜等	3 000	/
上海顶实仓储有限公司	零售、快消等	全家便利店、新一天便利店、中移动咪咕咖啡等	0	1 000
广州新亦源供应链管理有限公司	IT、服装、快消等	联想、长虹、海尔、拉夏贝尔、New Balance等	100	4 900
浙江泰易达物流科技有限公司	电气	正泰电气、格力电器等	200	1 000
深圳市大广发物流有限公司	服装、快消、家居家电、电商等	东芝等	130	1 000
天津鸿润贸易有限公司	零售、快消等	沃尔玛、家乐福、汾酒、郎酒等	16	20
上海万家物流有限公司	快消、电商、家居家电、医药等	卓玛泉、喜临门、公牛、上药等	200	300
河南鸿翔物流有限公司	零售、服装、快消、电商等	丹尼斯、家乐福、世纪联华、华润万家等	75	206

续表

公司名称	服务行业	典型客户	自有车辆（辆）	合作车辆（辆）含租赁、外协和个体司机等
广州益嘉物流有限公司	商超便利、快消、电商等	金龙鱼、屈臣氏、安利等	5	500
山东速迈物流有限公司	服装、零售、快消、家居家电、日化、电商等	海澜之家、五谷磨房、家乐福、老板电器、宝洁、花王、京东等	20	50
江苏全世通物流有限公司	零售、快消等	中粮	20	200
江苏锦尚物流有限公司	快消、电商等	天猫超市、当当网等	20	110
内蒙古快消联盟物流有限责任公司	快消、家电、医药等	汇源、红牛、松下、云南白药等	25	60
河南谦睿思创物流有限公司	快消、电商等	东易日盛、维达纸业、清风纸业、恒安纸业、达能电池、金龙鱼等（厂家及经销商）	5	10
恩施市卓捷运输有限公司	商超便利、快消、电商、家居家电等	国美电器、苏宁易购、零售通等	5	10
义乌红狮物流有限公司	商超便利、服装、快消、电商等	创运物流等	10	120
山东快拓提配物流供应链管理有限公司	商超便利、快消、电商等	怡宝、滋源、红牛、百雀羚等（代理商）	15	30

数据来源：公司官网、年报，物流信息互通共享技术及应用国家工程实验室整理

  城市配送中，B2B配送主要服务的是特定行业客户，属于直接客户（服务3PL的除外）；B2C配送主要服务的是电商、新零售等大件配送，自身处于3PL角色；而C2C配送主要服务的是个体临时需求。为行业客户提供的B2B配送随着生产、消费环境的日益丰富变得愈加复杂，而服务于3PL的B2B配送、电商大件B2C配送和个体C2C配送又逐步具备了标准化的可能。对应前端需求改变，当前中国城市配送企业开始出现分化：一是沿着所在行业继续深化服务，向行

业供应链方向发展;二是随着互联网的不断深入影响个人消费行为,向 C 端标准化产品方向推进。交易撮合平台面向 C 端客户的策略使得其更倾向于使用标准化的车型,加之这类平台往往不具备运营规划、车辆管理的专业能力,也无法提供成体系客户方案,很难满足 B 端客户的具体需求。B 端客户需求的多样性导致服务车辆需求的多样性,这又恰恰给服务 B 端客户的城市配送企业外协车辆带来一定便利。

4. 整车行业及应用场景分析

从客户需求看,整车运输的客户主要有大型直接企业客户、第三方物流企业客户和临时性零散客户。大型直接企业接客户以生产制造客户(如三一重工、吉利汽车等)、商贸流通客户(如广百百货、京东商城等)为主。这类客户货量大、货源稳定、计划性强,但同时要求较高、议价能力强、账期较长,采购外部运力时一般以合同、项目形式体现。第三方物流企业客户以快递、零担、冷链、供应链等第三方物流企业为主,采购外部运力时一般会以招投标的形式进行。例如快递企业,快递出发地转运中心到快递目的地转运中心这一段就以整车形式体现。临时性零散客户以小型生产企业、小型分销商及个人为主,如某茶叶批发商将一批茶叶从广东深圳运往云南景洪。

从运力供给看,整车运输的运力主要分为自营物流运力、第三方物流运力与个体司机运力。上海清美、京东物流、苏宁物流属于典型的自营物流,目前京东物流也逐步向社会开放。服务于美的、海尔、双汇、上汽的安得物流、日日顺物流、双汇物流、安吉物流等很早已经实现三方化转型,但福田汽车仍保持在整车产品(特指福田生产的成品汽车)上的自营物流。

从业务模式看,自营整车运输外的参与方主要分为整车平台、合同整车、大车队、零担整车、专线及个体司机。

(1) 整车平台

整车平台从本质上来说属于无车承运人,类似于美国的 Truck Broker。目前在中国整车平台主要分为撮合交易型平台(满帮)、担保承运型平台(福佑卡车)、园区配货型平台(传化陆鲸)、车队管理型平台(物流小秘、路歌)、整合共享型平台(共生物流)。整车平台可以满足所有类型客户的整车需求。

(2) 合同整车

合同物流最大的特点就是,合同物流服务商根据客户具体需求签订明确的物流服务合同,并依照合同约定的条款进行方案设计与执行。合同物流涵盖的整车运输(Truck Load)即为合同整车。比较典型的企业有宝供物流、安得物流、飞力达物流、南方物流、新杰物流等。合同整车主要服务于大型直接企业客户。

（3）大车队

中国尚未形成 J. B. Hunt、Ryder、Werner 这样重资产的大型国际知名的整车运输企业，但也已经出现诸如则一、志鸿、托普旺等大车队企业，尽管目前的车队规模并不大。大车队为直接客户、第三方物流提供整车、干线运输的服务。

（4）零担整车

国内零担企业德邦、安能、天地华宇等在其零担产品下均开展了整车业务，由于零担企业的网络规模、品牌知名度优势，因而承接了大量临时性零散客户的整车业务。

（5）专线整车

专线在中国公路货运史上发挥了巨大作用，既满足了早期生产、生活的需求，也为第三方物流的发展做了较好的前期铺垫。小型的专线近乎个体户，大型的专线接近大车队、第三方物流的规模。专线往往具有稳定的客户，支撑其整车发运业务，随着线路、业务的扩张，专线也为第三方物流、散客提供整车运输。

（6）个体司机

作为整车物流的最小单元，一个司机、一台车便可参与整车运输。随着中国货运车辆的不断增多，供需发生了变化，客户对整车运输的服务要求越来越高，个体司机揽货的成本和难度越来越大，个体司机越来越倾向于融入整车平台、合同整车、大车队、零担整车、专线中，依附于更大的组织提供整车物流服务。

整车物流的业务流程总体较其他运输模式简单，少数如 J. B. Hunt 使用多式联运进行干线运输，C. H. Robinson 采用无车承运人的方式组织运力等模式，则相对复杂。仅就公路整车物流的物流而言，整车物流只要将货物由出发客户运输至到达客户即可。

从整车物流的服务对象看，大型直接企业客户、第三方物流企业客户往往有自己的作业设备和装卸车人员，并不需要提供装卸车服务（特种整车物流除外），而针对不具备相应能力的临时性零散客户，则往往需要整车物流承运方备好作业设备和装卸车人员。

从货源与组织特点来看看，整车货物品种单一，数量大，货价低，装卸地点一般比较固定，运输组织相对简单，但整车行业并非一种简单的运输方式，而实质是一个生态体系。

伴随着电池能量密度的提升、电池成本的下降以及燃料电池等技术的进步，中国新能源物流车的应用领域进一步扩大，除了覆盖轻卡、微卡、轻客车型执行城市及区域短距离物流活动外，已经开始出现纯电动中卡、重卡等车型，整车物流、长途运输也将迎来新能源的时代。

表3-3 中国纯电动中、重卡车型列举

企业名称	公告型号	类型	总质量(t)	整备质量(t)	额定载质量(t)	电池组容量(kWh)	续航里程(km)	公告批次
比亚迪汽车工业有限公司	BYD3250EEFBEV	纯电动自卸车	25	12.495	12.375	311	240	288
	BYD4180D8DBEV	纯电动半挂牵引车	18	9.95	—	350	210	288
	BYD5320GJBBEV2	纯电动混凝土搅拌车	32	15.5	16.37	324	260	290
	BYD3310EH9BEV	纯电动自卸车	31	15.495	15.375	324	260	300
成都大运汽车集团有限公司	CGC4250BEV1AADKRCGD	纯电动牵引车	24.7	14	—	290.61	170	294
	CGC4180BEV1AACJNALD	纯电动牵引车	18	8.03	—	130.1	105	294
湖北三环专用汽车有限公司	STQ3251L10Y2SBEV	纯电动自卸车汽车	25	12.5	12.305	130	100	298
	STQ4181L02Y4NBEV	纯电动牵引汽车	18	6.94	—	130	100	298
	STQ5181XXYNBEV	纯电动厢式运输车	18	8.7	9.105	130	100	321
东风汽车公司	EQ3250GTBEV	纯电动自卸车	25	12	12.805	151	150	289
	EQ5180XXYTBEV	纯电动厢式运输车	18	8.8	9.005	130	102	296
	EQ5180XXYTBEV1	纯电动厢式运输车	18	9.2	8.605	122.57	100	299
	EQ5120XLHTBEV1	纯电动教练车	12.4	4.61	—	58.34	90	301
	EQ5180XYKTBEV	纯电动翼开启厢式车	18	9.23	8.575	122.57	100	301
一汽解放青岛汽车有限公司	CA4181P25BEVA80	平头纯电动牵引车	18	8.3	—	130	100	294
	CA3251P66T1BEV	纯电动自卸车汽车	25	12.43	12.44/12.375	130	120	321
安徽华菱汽车有限公司	HN5250GJBB25D4BEV	纯电动混凝土搅拌运输车	25	16	8.805/8.870	164.51	108	301

数据来源：工信部、商车网

3.2 重点领域应用情况

1. 快递业应用情况

调查数据显示,2019年上半年(H1),快递企业在生产运营过程中实际投入使用的新能源汽车有20 833辆,占中国快递行业汽车使用量的9%以上。其中,15 710辆新能源汽车为租赁(含以租代售),5 123辆为一次性购买,租购比为3∶1;新能源轻卡为6 530辆,占快递行业使用新能源汽车的31%,新能源小微车型(含微卡、微面等)有14 303辆,占比为69%(调查数据引自《中国快递绿色发展现状及趋势报告2 019》)。

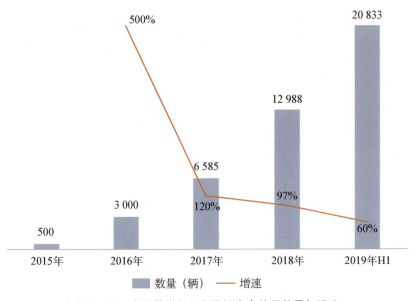

图3-14 中国快递行业新能源汽车使用数量与增速

注:数据获取为调查问卷,2015年、2016年数据调查范围为快递业务量前50位城市,2017年及以后为全国范围。

数据来源:《中国快递绿色发展现状及趋势报告2019》

根据调查数据,在现行中国行政区划下,调查涵盖的31个省、直辖市中,2019年上半年快递企业使用新能源汽车的前5名分别是广东省、北京市、浙江省、四川省和天津市,使用的新能源汽车数量均超过1 000辆,分别为3 942辆、2 332辆、1 571辆、1 403辆和1 245辆。除青海省外的30个省、直辖市中,共计有202个城市和地区的快递企业在使用新能源汽车。其中,北京、成都、重庆、大连、厦门、贵阳等城市增长幅度较大。

表3-4 快递企业使用新能源汽车增长较快城市数据

城市名称	北京		成都		重庆		大连		厦门		贵阳	
调查时间	2018	2019H1	2018	2019H1	2018	2019H1	2018	2019H1	2018	2019H1	2018	2019H1
车辆(辆)	1 080	2 332	570	1 065	114	809	158	790	46	288	67	248
增长	116%		87%		610%		400%		526%		270%	

数据来源:《中国快递绿色发展现状及趋势报告2019》

(1)自营型快递应用情况

自营型快递是新能源物流车应用的主力之一,主要包括微面、轻客及轻卡3种车型,主要服务干支线和末端配送,是当前推行绿色物流、促进节能减排的主导力量。应用中存在的主要矛盾,按重要性从高到低依次是:一是新能源物流车城市无路权,进城难与城市化促进经济和消费的发展之间的矛盾;二是新能源物流车适用的充电资源供应不足的问题;三是产品技术不成熟,质量问题多与物流业高效运营之间的矛盾。里程焦虑和技术先进性不是主要矛盾。

顺丰是自营型快递的代表。顺丰已在北京、上海、广州、深圳、杭州、天津、成都等130个城市投放使用新能源车辆,主要包括微面、轻客及轻卡3种车型,涉及新能源车辆的品牌主要有北汽、上汽、东风及依维柯等;截至2019年7月底,顺丰已投入新能源汽车约7 812辆,估算节省燃油3.6万吨,减排11.5万吨;顺丰的新能源汽车主要服务干支线和末端配送,打造绿色车队,推行绿色物流,促进节能减排。

在顺丰已投入使用的7 800台新能源物流车中,约1/3是购买的,2/3是通过运营商租赁的。微面占50%,轻客占37%,轻卡占13%,另外有部分场景使用二轮、三轮的车。因为四轮车辆与场景不匹配,快递人员工作不方便。

目前在政策路权不明朗,车辆技术与车辆设计、性能没有进一步提升的情况下,顺丰不会购买新能源物流车,但会根据场景的需求按需租赁。这是因为目前新能源物流车产品技术不成熟,设计不合理,不同满足物流场景的特定需求。顺丰曾经尝试推动过与车厂和运营商的紧密合作,将需求反馈到厂商,进行定制合作。但是,由于两个方面的难题而暂时放弃:一是需求量不大,厂商在订单量不

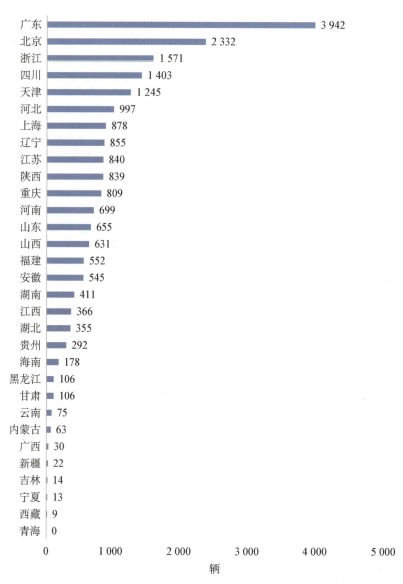

图 3-15 2019 年上半年中国快递行业新能源汽车使用分布情况

数据来源：《中国快递绿色发展现状及趋势报告 2019》

大的情况下是否会改变运营与生产线满足定制的难题；二是在定制的情况下，物流商指定品牌的零配件保障难题。现在，顺丰认为定制的合作模式是一个逐渐演变的过程，计划尝试从改装开始，再尝试轻度定制，逐渐过渡到平台定制开发。

调研发现，顺丰在车辆使用中存在 3 个问题。一是无路权导致查扣。国家目前在大力的推广新能源汽车，但地方政府部门中存在货车限制进城的管理误区,政策制订方面较为滞后。目前陆续接到地区报送,在不同城市和地区,新能源车辆在路权路政方面的政策没有出台,新能源货运汽车和燃油货车同样面临着无路权、进城难的问题。司机一旦被查处,将面临记3分、罚款300元的处罚。司机驾照为A照或B照,扣分对司机意见、情绪影响较大。新能源货车的查处也造成快递货物的延误,严重影响客户服务体验。二是网点端补电刚性需求难以解决。目前已投入新能源物流车的网点,距离分拨场较远的,新能源汽车仍需要补电。而城市规划时,快递网点规划都较少,网点端充电资源亦较少。顺丰的做法是,车辆暂时安排回分拨场停车场补电,夜班安排燃油车替班,但会导致人员成本增加。或使用储能车补电,但充电质量不稳定,仍出现部分车没充电的情况,且储能车补电存在安全隐患。三是车辆管理和证照办理无法满足快递快速发展的需求。目前除了深圳等少数几个城市放开外,其他城市仍然沿用保守的管理办法。部分城市甚至对车辆的上牌有严格的限制,部分城市仍然需要办理货车的进城证。车辆证照的办理仍然无法满足快递公司车辆引进的时效和速度要求。例如,上海每家公司仅给50台新能源汽车上牌指标,进城证按上牌20%的比例发放。

(2) 加盟型快递应用情况

加盟型快递主要是指通达系快递,包括圆通、中通、韵达、申通和百世,它们占据了中国快递业务的大部分。圆通速递是通达系的代表企业,其总部并不掌控新能源物流车应用的主导权,而主要由其全国3 900多家加盟商分散掌控;其总部掌控的新能源租赁车有500台,以微面为主,其次为北汽大通和依维柯车型。在支线配送中也有2.5 m微型厢货和4.2 m厢货。面包车占有率在10%~20%之间,虽然在末端配送中也会有海狮车型,但海狮车型在装载和价格上还存在缺点。

没有大规模使用新能源物流车的原因是成本领先战略。当前物流车价格居高不下,加盟型快递的新能源物流车分散采购的现状导致没有成本优势。然而,京东、顺丰等自营型快递可以大量用新能源车,是因为可以通过集采压低购车价格。

2. 电商自建物流应用情况

电商自建物流是新能源物流车应用的主力之一,主要包括微面、轻客及轻卡3种车型,主要服务传站配送(仓配中心至市内配送站)和末端配送。应用中存在的主要矛盾,按重要性从高到低依次是:一是新能源物流车城市路权不足,进城难与不断增加的市内配送之间的矛盾;二是新能源物流车适用的充电桩不足、充电时间长与车辆高效运营之间的矛盾;三是车辆故障频发,电池更换难。电动车续航里程基本满足要求,因为配送公里数相对固定,北京市最远配送距离为70~80公里。电商企业如京东会根据配送距离匹配车辆,所以基本不存在续航里程方面的问题。

目前,京东物流在北京完成全部城市配送车型的电动化,是全国第一家投放使用氢能源燃料电池车型的物流企业。截至2019年5月,京东在全国范围内已投放新能源物流车5 000台,充电设施1 600套,覆盖全国50多个城市。京东物流自有车占少部分,大部分车辆是从运营商租赁。为保障新能源物流车的应用,京东物流大力推进充电桩建设与合作,通过合作共建、自建、车桩一体车辆租赁等模式,已在全国40多个城市完成充电桩的布局,充电网络覆盖各级分拨中心、亚洲一号、中转场、终端站点。

在补贴退坡形势下,京东物流的用车需求基本没有变化。因为退坡效应短期内还没有通过运营商传传导到物流公司。未来京东除非自己持有车辆通行证,否则不会购进车辆,只会和运营商合作租赁,因为租赁成本比较低。

单纯增大电池功率与实际应用需求相矛盾,物流企业需要续航里程和车的成本达到一个均衡点。因为续航里程多,车价变贵,车辆变重,与物流企业降本增效核心诉求相矛盾。充电配套设施不足、充电时间长,这是应用过程中的主要问题。考虑到物流业的特性,建设足够多的私有充电桩是解决充电难的最佳方案。在通常情况下,实际适用的车桩比达到2∶1,即可解决充电难问题。

3. 城配行业应用情况

城配领域因为与最终消费需求紧密相关,潜力巨大,场景多而杂,运输需求基本由客货两用车满足,车型主要以海狮型轻客和微面为主。存在的主要矛盾是车辆品质不高与用户对运输工具高效、可靠之间的矛盾。

城配领域的物流需求大多是由最终消费者相关的需求产生的。在城市中心,与餐馆、商店、医院、学校和办公室相关的配送通常在总交通流量中占据相当大的比例。城配领域的应用场景多而杂,原因是各行各业的供应链特点和货物特点各不相同。其中,终端客户的配送需求是决定性因素。其新能源物流车的应用呈现3个特点。一是主要以消费品相关领域为主,如食品饮料、蔬菜等,这些产品的共性是复购率较高,且有仓储与时效要求。主要用户为传统经销商、新零售、便利店、娱乐场所、酒店等小规模客户,一天一配。终端客户分布较密集,有利于后期的链条整合和效率提升。二是应用场景主要分两段,总仓到分仓段和分仓到终端段。总仓到分仓段主要使用4.2 m轻卡,分仓到终端段以海狮车型为主,微面车型为辅,具体选用视是否需要入地库决定。三是城配领域应用的主要矛盾是车辆品质不高与用户对运输工具高效、可靠之间的矛盾。

西安马帮城配是一家典型城配物流车企业，曾经以新能源物流车租赁运营为主，2017年业务转型，由租车业务转型城配业务，专注为快消业提供城配运力服务，例如桃李面包和蒙牛。通过其管理的160台新能源物流车，为客户提供针对新零售、便利店、娱乐场所、酒店等终端的配送服务。70%是海狮车型，主要是南京金龙(11.8万)、厦门金旅(12.8万)，服务不需入地库的终端和便利店，一天一配，行程最大为200 km。30%是微面，主要是EC35。"马帮城配在西安的快速发展主要得益于新能源物流车在西安有全面路权优势，不限行不限号，而传统燃油车无法进入二环内且限号行驶。"马帮城配的总经理张旭辉表示："我们给客户算过账，经销商的传统燃油车自有车辆的成本大概在每月7 500～8 200元，司机一天实际工作小时只有4小时。改为采购我们的运力服务，每月租金2 800元，成本大大降低。同时，司机收入大大提高，可达每月8 000～12 000元，客户和司机都得益，形成良性循环。""现在新能源物流车主要的问题是车况不好，刹车系统频繁出现问题。故障维修多，车辆运营效率低，基本上100台新能源物流车，要准备5台替换车。再就是车辆有些不必要的功能可以去掉。总之，就是缺少好的产品。"

4. 车货匹配平台应用情况

车货信息匹配平台主要反映了零散的应用情况。目前，市场上主要的车货匹配平台是快狗打车和货拉拉。快狗体系约有180万台车辆，其中新能源车约有3万多台，主要集中在广东、深圳等路权利好的地区。大部分司机不选用新能源物流车是因为，司机工作时间长且不固定，用户实际使用情况也不固定，造成充电的费用和时间成本与燃油车成本相比没有较大的优势。充电时间长，会错过订单，收入减少。

3.3　营销模式

公路货运是我国最早放开市场化的行业，其市场运作主体以个体司机或小型民营企业为主。他们主要从商业利益的角度考量经营问题，也没有很雄厚的经济实力试错，因此在使用新能源物流车上是谨慎、理性的。当前，新能源物流车营销的主体是车企和运营商，主要有整车销售、整车租赁、分时租赁和运力共享4种营销模式。

相关运营商注重发挥市场化、服务化、共享化优势，与社会资本不断创新运营模式，分时租赁、融资租赁、车电分离等新型商业模式在细分领域得以推广应用。

整车销售模式是指整车企业通过经销商或直接向终端用户销售产品。整车租赁是指最终客户(物流公司)向新能源物流车运营平台支付一定费用,租赁车辆使用。有的租赁平台不涉足物流实际运营,只提供车辆和相关车辆维护保养职责;也有的租赁平台直接提供司机和车辆,介入物流实际运作,等于外包了物流公司一部分业务。在租赁业务中,平台公司和物流公司都希望建立一种较长期和稳定的业务合作关系。

运力共享模式是一种全新的商业生态,其运营完全借鉴乘用车共享租赁的模式,希望通过互联网信息技术手段,解决较短时间内车货匹配的物流需求问题。相关平台的信息系统一般包括物流车分时租赁APP、维保APP、管理平台和结算平台等多个模块。

分时租赁是指经营者通过移动互联网、全球定位等技术手段,以分钟或小时为计价单位,租借给承租人使用并获取收益的一种经营模式。分时租赁汽车是共享汽车的一种。

从2018年开始,新能源物流车的营销模式出现下列变化。

1. 整车销售模式转向一体化解决方案

传统经销模式主要涉及政府、整车企业、经销商、物流企业、充电运营商等5个主要参与者。物流企业(或司机)购买新能源物流车,拥有车辆完整产权。经销商提供销售、维修保养等售后服务。充电运营商提供充电解决方案和充电服务。政府通过财政补贴政策支持整车销售和充电设施建设。整车企业通过销售产品实现盈利,并获得国家的车辆购置补贴。该模式的客户对象是物流企业或个体司机。当前,因为新能源物流车产品质量问题较多,供应链不稳定,长期维修保养难以保证,产品迭代快,许多物流用户选择租车而不是购车。大型物流企业新能源物流车的自有量占比不到10%,物流企业选择直接购买新能源物流车的积极性偏低。

整车销售出现向一体化解决方案转变的趋势。主要由具备客户资源和运维保障能力的运营商推动,在销售基础上提供选车、改装、养车、管车、修车、换车的一体化解决方案。一体化解决方案的特点:一是依托自身的用户需求理解和挖掘能力,为用户提供选车服务,实现全生命周期成本最优化,提升用车体验;二是将运维保障、汽车养护、应急救援、安全管理打包为增值服务,为客户提供销售+增值服务的一体化解决方案。三是实力较强的运营商会和车企深度合作,通过车辆定制化降低购车成本。代表性的运营商是上海捷泰新能源汽车和杭州华速新能源。

2. 整车租赁模式仍是主流

整车租赁模式是指汽车租赁企业向整车企业批量购买新能源物流车,向客户提供长期和短期车辆租赁服务的模式。租赁模式一般由运营商主导,少数整车企业也推出租赁业务。汽车租赁企业购买车辆并拥有所有权,负担车辆的折旧、维保、保险等基本成本,甚至负责提供充电解决方案和充电服务。物流运输企业或个人只需要定期向租赁企业缴纳一定的租金即可使用新能源物流车,并自行承担日常充电费用。客户可以大幅度减轻车辆购置资金的压力,降低车辆贬值及处置回收风险,运维压力相对较小。但是,物流企业只拥有车辆的使用权,车辆月均使用成本相较购买模式下的月均使用成本高。因为运营商能够提供维修、保养甚至充电等保姆式服务,租赁模式是市场的主流模式。但是,租赁企业面临较大的经营压力,如何盈利困扰着行业发展。

3. 运力共享模式值得关注

基于互联网+新能源物流车的运力共享平台模式,是以互联网信息技术搭建共享运力池,通过自有车队,或者通过招募固定和非固定的司机组建车队,把自有车队、物流公司车辆、司机、货源信息整合到平台中,由平台自动匹配人、车、货并分配运力,改变传统物流模式下,物流公司、货主及司机的低效率且相对孤立的运作模式。目前,该模式由采取轻资产运营的同城货运平台主导,如快狗打车、货拉拉等运营商平台,主要定位于搬家等业务。通过搭建平台招募司机带车辆加盟和货主注册。货主通过平台,可以快速匹配附近的货车资源,并以低价获取优质的货运服务,货车主可以借助平台迅速对接到客户需求,大大提升货车的利用效率。这些平台也有意识地引导平台上的车辆向新能源物流车转变。例如,货拉拉全国平台接入的新能源车辆突破 10 000 台。运力共享平台是值得关注的营销渠道,可以预见,车企和运力共享平台将合作进行营销模式创新。

4. 分时租赁模式正处于小规模示范阶段

随着共享经济的发展,物流车领域也开始探索分时租赁模式。该模式已出现在大型专业批发商贸市场,重点针对大件或一次运送数量较多的同城货运业务。此类用户特点是货运频率低,次数少,送货时间不定。运营商通过整合车、桩、位、货、保险、金融、维修、培训等资源,向终端客户提供一站式用车平台,终端用户只要通过 APP 即可实现车辆的在线预订,线下使用以及线上还车。结算服务、按分钟或小时使用车辆,减轻终端小散用户的购车和养车成本。主要应用场景定位于物流园区、分拨中心、批发市场等。目前由于网点过少,采取 A 借 A 还和里程+时长双计费模式。该模式有 6 个优势:一是碎片化供给满足碎片化需求,实现人、车分离,减少用户的里程焦虑,司机不用担心车辆的续航问题,只要根据配送距离选用相应的车型即可;二是平台化交易,无人值守,人工成本降低;三是互联网化的品牌传播和业务成交模式,快速提升用户规模;四是提升车辆使用效率和效益;五是使用灵活,随取随用;六是降低 C 端客户的车辆购置与使用成本。劣势有3个：一是模式不成熟，处于试点示范阶段，使用场景比较难找（目前仅有四川同程达8辆，西安驭邦科技40辆，深圳地下铁少许车辆开展此项业务）；二是单位时间使用费高，与采取同城货运平台配送相比没有价格优势；三是竞争力不足，与传统司机＋货车的同城货运配送相比，服务优势不大。从四川同程达的8辆车运营实践来看，网点位于食品批发市场，单日运营时间6.9 h，平均行驶88公里，单日日均收入180元，基本可以实现单车盈利。但是，总体来看前景仍有很多不确定性。

3.4 城市绿色配送试点推进情况分析

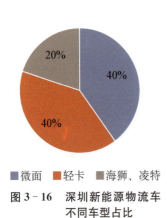

图3-16 深圳新能源物流车不同车型占比

1. 深圳

（1）推广成绩

深圳市新能源汽车总保有量大约6万辆，其中新能源物流车的数量达到了40 363辆，规模居世界之首。新能源车占深圳市总的汽车保有量为8.6%，新能源物流车保有量占深圳总的物流车保有量的比例为40%。新能源物流车主要的运营场景有快递、快运和城配。

截至2017年底，深圳具有营运资质的道路货物运输企业有11 134家，营运车辆共有174 925辆。

表3-5 深圳道路货物企业类型以及营运车辆数量

企业类型	企业数量(家)	营运车辆(辆)
普通货物运输企业	6 915	82 097
集装箱运输企业	3 729	77 626
泥头车运输企业	209	10 883
罐式车运输企业	206	2 521
危险货物运输企业	75	1 798

深圳已经形成产业链中多方参与、互相合作的推广局面。物流企业、政府、车厂、充电桩企业、运营商、非营利组织等都已加入到了新能源物流车的推广应用中。

表 3-6　深圳参与推广新能源物流车的企业

金融	中国人保财险、亚太财产
充电基础设施类	宁德时代、微宏动力
信息技术类	前海巴斯巴网络、航通北斗
运营商	地上铁、新沃运力、恒天新能源汽车、熊猫新能源、成都雅骏、普天新能源汽车、陆舟电动车、中海龙、行之有道
主机厂	比亚迪、陆地方舟、重庆瑞驰、华晨鑫源、北京新能源汽车
政府、事业单位等非盈利机构	深圳市能源车辆应用推广中心、深圳市公路货运与物流行业协会、生态局、发改委、交通局

(2) 主要举措

深圳近些年出台了一系列推广新能源车的政策,涉及示范和财政补贴、交通出行、基础设施、战略规划、审批和备案。从 2018 年开始,深圳市逐步将政策重心向加强充电设施、车辆的监管方向转移。

① 车辆管理:一是进一步加强监管力度,二是要求行业主管部门加快实施产品安全的监控和一致性抽查。出现质量问题的新能源车,经有关部门认定存在重大缺陷的都将暂停或取消推荐车型目录。深圳市先后发布了《关于开展纯电动物流车运行监测数据接入工作的通知》和《新能源纯电动物流车降级名单公布》。前者为确保纯电动物流配送车辆运营资助项目顺利开展,决定启用纯电动物流配送车辆,运行数据接入监管平台公告显示。后者针对 2018 年度一次记 6 分以上且累计扣分 12 分以上的、发生交通事故造成人员死亡承担次要以上责任未构成犯罪的、驾驶人被处以暂扣、吊销驾驶证或行政拘留以上处罚等违法行为的新能源物流车进行降级管理。

② 路权:深圳市公安局交通警察局发布了《关于继续设置"绿色物流区"禁止轻型柴油货车通行的通告》,表示深圳的 10 大绿色物流区将继续禁止轻型柴油货车通行。针对市外的车辆,深圳颁布《深圳市公安局交通警察局与深圳市人居环境委关于继续对异地号牌载货汽车实施限制通行措施的通告》,继续对外地载货汽车限行但新能源车不受限。

③ 补贴:根据《深圳市纯电动物流配送车辆运营资助项目申报指南》,资助金额按照提供驱动动力的动力电池总储电量,采取分段超额累退方式计算,资助资金分 3 年平均发放。单车 3 年资助总额不超过 7.5 万元。

④ 充电设施:进一步完善了相关充电设施的建设规范。深圳市发改委甚至

发布紧急通告，要求企业暴雨期间做好充电运营安全工作。由于深圳市发生了多起新能源纯电动货车充电和运营过程中的电池热失控事故，深圳市政府为保障人民群众生命和财产安全，预防和减少此类事故发生，发布了《关于加强新能源纯电动货车运营安全的紧急通知》。

⑤ 审批和备案：针对新能源汽车充电设施底数不明、分布不清和建设审批（备案）程序不规范等问题，颁布了《深圳市发展和改革委员会关于开展全市新能源汽车充电设施信息调查统计及协助提供建设审批（备案）程序相关材料的通知》。

（3）经验与教训

首先，深圳政府公开透明，只要企业的产品购置或者运营符合国家与地方政策即可享受福利。全国新能源车的制造厂基本都落地深圳，因为深圳不限制任何公司进入深圳新能源汽车市场，所以每个制造商的机会平等。从车厂、充电桩企业、物流商到运营商，都有很多企业落地深圳。它们互相协同合作，共同推广新能源车，实现互利互赢。

其次，交警、市政府最大程度地开放路权，任何类型绿牌车辆基本可以在深圳市内通行（深南大道除外）。鼓励电动车的推广，允许新能源物流车（也包括乘用车）路边停车，一小时之内免费。公共停车场如果充电，两小时免费停车。当交通局和其他部门因为推广新能源车产生利益矛盾的时候，深圳会通过新能源车辆应用推广中心调节，确保各方以协同合作的态度进行新能源物流车的推广。每一方都从推广、环境、人民的角度去处理问题，即可有效地提高推广效果。

深圳设有新能源车辆应用推广中心，这是由国内领先新能源汽车制造企业、动力电池制造企业、充电桩运营企业、新能源汽车运营企业、信息技术服务企业、保险金融服务企业等联合起来，自愿成立的民办非企业单位。该单位致力于新能源车的推广。

深圳每年都会举行类似"新能源物流车大赛"等活动，该类活动不仅可以宣传新能源物流车、提高人们对环保的意识，同时还可以让更多的人了解新能源物流车。

（4）未来规划

从车辆保有量的角度而言，深圳希望能在2020～2022年之间，将物流车中的新能源车比例提高到100%，2020年年底环卫车达到100%，泥土车保有量提高30%。从地理角度来看，深圳市新能源车辆推广中心的范围将扩大至广东省各个城市，2019年升级为广东省新能源车辆应用推广中心，覆盖珠三角9座城市。

深圳新能源车辆推广中心表示，政策补贴的重心不会单纯向研发转移而放弃营销。新能源汽车的市场端仍然需要投入，只有这样才能够让车企充分竞争，让市场去检验车辆的真正实力。深圳相信，只有在市场上投入，才能带动新能源汽车产业的发展。

（5）政策一览

表3-7 深圳2017～2019年新能源物流车相关政策

深圳2017～2019年新能源物流车相关政策		
示范和财政补贴	2017	深圳市推进城市配送发展五年行动计划（2016～2020年）
	2017	深圳市2017年新能源汽车推广应用财政支持政策
	2018	关于对新能源纯电动物流车继续实施通行优惠政策的通告
	2019	深圳市2018年新能源汽车推广应用财政支持政策
	2019	深圳市纯电动物流配送车辆运营资助项目申报指南
	2019	关于对新能源纯电动物流车继续实施通行优惠政策的通告
交通出行	2018	深圳市公安局交通警察局关于继续施行《新能源纯电动物流车电子备案规程》的通告
	2018	关于实施新能源汽车道路临时停放当日首次（首1小时）免费的通告（征求意见稿）
	2019	深圳市公安局交通警察局与深圳市人居环境委关于继续对异地号牌载货汽车实施限制通行措施的通告
	2019	关于加强新能源纯电动货车运营安全的紧急通知
	2019	深圳市发展和改革委员会关于做好"4·16"暴雨期间充电运营安全工作的紧急通知
	2019	关于继续设置"绿色物流区"禁止轻型柴油货车通行的通告
基础设施	2018	深圳市新能源汽车充电设施管理暂行办法
	2018	关于进一步加强纯电动物流车充电安全管理工作的紧急通知
	2019	关于开展纯电动物流车运行监测数据接入工作的通知
	2019	政府产权交通场站新能源汽车充电设施安全管理规定（征求意见稿）
战略规划	2018	2018年"深圳蓝"可持续行动计划通知
审批和备案	2019	新能源纯电动物流车电子备案规程
	2019	深圳市发展和改革委员会关于开展全市新能源汽车充电设施信息调查统计及协助提供建设审批（备案）程序相关材料的通知
	2019	新能源纯电动物流车降级名单公布

2. 成都

（1）推广成绩

成都现有 7 万～8 万辆物流车，其中超过 2 万辆是新能源物流车。在城配企业中，地上铁的保有量最多，达到 3 千多辆。根据研究计算，未来的城市需求不会出现大的增长，车的数量也不会有大的增长。

配套设施方面，相关的充电基础设施偏少，但布局比较合理，利用率较高。问题是充电站的场地，在城市里想要找到合适的用地比较困难。运营商也反映地方配电设施老化，支撑不了大功率的充电场站。所以，成都物流办下一步计划尽可能在关键节点布局，提高利用率。

成都新能源物流车推广取得了一定的进展，主要有以下两个原因：一是由于各家企业的支持，大家对于新能源汽车发展的信心是企业内生的动力；二是成都市的政策引导同时起了作用，最大的因素是路权的完全放开，同时向一些大型企业宣传，让企业有更大的社会担当。

（2）主要举措

首先，成都市政府在中央政府补贴的基础上，继续按中央财政单车补贴额的 50% 给予购置补贴。其次，成都市政府决心在 3 年内逐步取消燃油物流车的入城证发放，给予纯电动物流车 24 h 入城的路权。值得一提的是，加大的路权并没有给成都造成交通拥挤等问题。在路权放开后，城市道路的拥堵情况没有什么大的变化，因为燃油车的入城证的数量在逐年减少。除了路权和购置补贴外，成都政府给予新能源汽车停车优惠，在政府财政全额投资建设的公共停车场点内，可以享受首 2 h 免停车费的优惠。

此外，为了更好监管城配车辆，包括燃油车与新能源车，成都市政府正在加大对大数据平台的投资。该平台 2015 年开始建设至今，总共投入了 1 000 多万元。在初期考虑政策时，将城配车辆加入这个平台作为运营补贴的要求之一，引导社会车辆加入监管平台。加入平台后，政府会协助交管局帮助车主拿到入城证（针对传统燃油车），并且出一半的费用。该平台的车辆同时享有四环路和绕城高速路权，和参与城市配送的机会。加入该平台的车辆，必须满足一定的技术标准要求，包括载重、重量、停车标准等，引导推广 4.2 m 标准化车型。截至目前，该平台上车辆总数是 3 000 多辆。

（3）经验与教训

成都市新能源汽车的推广经验对全国其他城市很有借鉴意义。一是建立市领导挂帅的跨部门领导小组，作为推广应用的组织机构保障。2017 年，由市经信局的汽车处牵头，成立新能源汽车推广领导小组，该小组由副市长挂帅，经信局办公室主任任副组长,交通局、交管局、宣传部、交投集团等相关部门领导作为小组成员,任务确定后分解落实到各区县。二是制定明确的目标。推广初期成都市政府设定了很大的目标,下达的任务是 2020 年年底达到 3 万辆城配新能源物流车,分解到第一年要达到 8 千辆,第二年达到 2 万辆,第三年达到 3 万辆。三是结合当地特点,树立坚定不移的治理决心,开放包容。相较于北方,成都的水电资源更丰富,相较于火电更为清洁,这是推动新能源汽车发展的背景之一。同时,也考虑到了成都的雾霾情况,政府必然要改善空气状况,而成都的汽车拥有量排全国前列,是重点治理领域。成都的开放性包容性很强,能够吸收各地管理治理的好的经验,特别是参考了北京、上海、深圳的政策和经验。四是科学规划。成都政府主要从 3 个方面着手,即公交车逐渐替换、物流车城市交通科学管理、出租车。公交车属于成都公交集团,较容易推广,大约有 1 万辆。出租车在推广的时候遇到一些困难。由于其两班倒难以充电,而燃油出租车购置成本低,因此新能源出租车难以推广。物流车则是通过一些政策和科学管理办法,例如,大力推广加入城市监管平台的车辆共同配送、推广标准化车型,让使用者乐于使用新能源物流车,引导减少物流车辆数。乘用车是个人行为,较难管理,不作为当前重点。五是路权开放力度大,是全国路权开放最彻底的城市。六是政府部门的宣传推广得力,尤其是对大型企业的宣传,有效地促进了企业家的担当精神。

(4) 政策一览

表 3-8 成都市新能源物流车推广政策

成都市新能源物流车推广政策		
时间(年)	名称	类型
2015	成都市新能源汽车充电设施市级补贴实施细则(暂行)	基础设施
2017	成都市支持新能源汽车推广应用的若干政策	示范和财政补贴
2017	关于成都市电动汽车充电服务费有关问题的通知	基础设施
2017	成都市电动汽车充换电基础设施建设专项规划	基础设施
2017	成都市新能源汽车三年推广应用实施方案	交通出行
2017	成都市新能源汽车充电基础设施三年建设实施方案	基础设施
2017	成都市电动汽车充换电基础设施建设专项规划	基础设施
2017	关于新能源汽车停车收费实施减免的通知	交通出行
2018	关于 2018 年度货运汽车城区道路行驶证管理的通告	交通出行
2019	成都市新能源汽车市级补贴实施细则	示范和财政补贴

3. 西安

（1）推广成绩

2016年，西安市政府正式成立西安新能源汽车产业协会。该协会由工信、发改、交通、科技、公安等部门联合牵头成立，由汽车处主管。协会成立以来，负责全西安充电桩的审批、报备、验收的任务。目前协会的主要职责就是与政府沟通，承担起车企与政府的桥梁作用，给车企争取更多的利好政策，有效地推广了新能源物流车。目前西安有100多家运营商，40家车企，共计7万多辆新能源汽车，其中物流车占比40％以上。总体来说，西安新能源物流车保有量在全国处于领先地位。

（2）主要举措

2013年11月25日，西安市列入新能源汽车推广示范城市，是国家扩大新能源汽车推广范围批准的第一批28个城市之一。

2018年5月31日西安市人民政府办公厅印发了《西安市新能源汽车推广应用地方财政补贴资金管理暂行办法》的通知，该项通知明确对单位和个人购买新能源汽车的，以享受的中央补贴为基数，公共服务领域(包括公交领域、巡游出租车领域、环卫用车、救护车和校车)的单车按1∶0.5给予地方补贴，非公共服务领域的单车按1∶0.3给予地方补贴。

对单位和个人购买新能源汽车的，首次机动车交通事故责任强制保险费用给予全额财政补贴；对新能源汽车免收125元/辆的牌照费；对具有西安户籍或持有西安市《居住证》、近两年内连续缴纳社保满1年以上、购买新能源汽车的个人，给予10 000元/辆财政补贴，用于自用充电设施安装和充电费用补贴。

此外，西安对充(换)电设施给予补贴：对建设完成、通过验收并正式投用的充电设施，给予充(换)电设施实际投资(不含征地费用)30％的财政补贴。地方财政补贴(地方各级财政补贴总和)不超过中央财政单车补贴额的50％，超额部分市财政将予以扣回。

在基建运营管理方面，规定新建住宅配建车位应100％建设充电基础设施或预留建设安装条件；大型公共建筑物配建停车场，社会公共停车场充电基础设施或预留建设安装条件的车位比例不低于10％，同时还需按照总车位数量的30％预留相应配电容量。对于专业技术人员的数量也有一定的要求。

在充分利用中央、陕西省新能源汽车政策的基础上，西安市政府围绕新能源汽车的研发、生产、销售、配套及推广应用等，研究制定了一系列新能源汽车推广综合政策，在充电桩建设、路权、运营补贴、基建运营等方面都取得了很好的成绩。

(3) 经验与教训

虽然新能源物流车推广效果显著,但是在推广的过程中仍然遇到了许多问题。

目前市场无统一的租金标准,吉利、陕汽等大型车企的汽车一月租金基本都在 4 000 元左右。但是,现在西安市场出现了一批租金 600~1 000 元的汽车。由于用户不了解车况,仅仅依靠价格作为选车导向,很容易造成市场的混乱和"劣币驱逐良币"的现象。解决的方案只有等待这批车辆的自然淘汰。目前市场缺乏行业标准,影响物流车行业的良性发展。

目前西安也有一些地区的充电桩(北郊石化大道)属于违建,需要拆除,建站没有规划,有些地区充电站的利用率较低,且占用绿化带等问题严重。

安全隐患是最大的问题之一,西安政府希望车企能够在车辆品质上逐渐完善。由于现在全国部分地区有水灾隐患,泡水后的新能源电动车出现了或多或少的问题,电池电机的安全隐患值得车厂关注。

(4) 未来规划

西安政府希望能够在充电桩上积极动员、推广、引导、实现良性发展,进一步加强政府各部门和行业间的协调沟通,让新能源物流车企、运营商与客户享受更多的利好政策,有一个良好的营商环境。

(5) 政策一览

表 3-9　西安市新能源物流车推广政策

时间	名称	类型
2017	西安市人民政府办公厅关于印发进一步加快新能源汽车推广应用的实施方案的通知	交通出行
2017	西安市新能源汽车生产销售企业及产品审核备案的暂行规定	示范和财政补贴
2017	西安市电动汽车充电基础设施建设运营管理的实施意见	基础设施
2018	西安市新能源汽车推广应用地方财政补贴资金管理暂行办法	示范和财政补贴

4. 北京

(1) 推广成绩

北京市积极引导燃油货车逐步替换为新能源物流车。例如,北京顺义区对符合条件的燃油车主置换新能源汽车给予最高不超过 5 万元/台的补贴,置换补贴不超过车辆实际终端销售价格的 50%。

(2) 未来规划

自 2019 年第四季度起,北京市分季度提升纯电动货车持证比例,实施差别化通行措施,实现"到 2020 年底,除冷链和危化品运输车辆外,通过办理货车通行证方式允许日间通行五环以内道路的 4.5 t 以下轻型物流车中,纯电动货车比例达到相关要求"。其中,2019 年第四季度新能源货车比例占货车通行证比例将达到 25%,2020 年第一季度该比例达到 50%,2020 年第二季度达到 65%,2020 年第三季度达到 80%,2020 年第四季度争取 90%。

(3) 政策一览

表 3-10 北京市新能源物流车推广政策

时间(年)	名称	类型
2018	北京市推广应用新能源汽车的管理办法	交通出行
2016	北京市"十三五"时期物流业发展规划	交通出行
2017	《北京市小客车数量调控暂行规定》实施细则(2017 年修订)	交通出行
2016	《北京市示范应用新能源小客车财政补助资金管理细则》(修订)	示范和财政补贴
2017	关于进一步加强电动汽车充电基础设施建设和管理的实施意见	基础设施
2015	关于纯电动小客车不受工作日高峰时段区域限行措施限制的通告	交通出行
2018	关于印发 2018~2019 年度北京市电动汽车社会公用充电设施运营考核奖励实施细则的通知	基础设施
2018	北京市推广应用新能源汽车的管理办法	交通出行
2018	关于调整完善新能源汽车推广应用财政补助政策的通知	示范和财政补贴
2018	2018 年度第一批符合环保排放标准车型目录的公告	交通出行
2019	北京市新能源物流配送车辆优先通行工作实施方案	交通出行

5. 上海

(1) 推广成绩

2018 年,上海市新能源汽车推广量快速增长,实现新能源汽车推广上牌 73 724 辆,同比增长 20.2%,截至 2018 年年底,上海市新能源汽车保有量达到 239 784 辆,推广总量继续保持国内领先。上海市作为全国新能源汽车推广的排头兵城市之一,计划于 2019 年推广应用新能源汽车 6 万辆以上,1~2 月实现推广 8 805 辆,累计推广总量达 24.9 万辆,继续保持为全球最大的推广应用城市之一。

(2) 主要举措

2018年,上海市人民政府发布的《上海市鼓励购买和使用新能源汽车实施办法》指出,上海对符合条件的纯电动汽车,按照中央财政补助1∶0.5给予本市财政补助;对符合条件的插电式混合动力(含增程式)乘用车,且发动机排量不大于1.6 L的,按照中央财政补助1∶0.3给予本市财政补助。

对纳入《上海市燃料电池汽车发展规划》有关示范应用规划,符合本市燃料电池汽车示范运行有关技术标准,并在本市确定的燃料电池汽车商业运营示范区内运行的燃料电池汽车,按照不超过中央财政补助1∶1的比例给予本市财政补助。燃料电池汽车技术标准、运行要求等另行制定。

除燃料电池汽车外,国家和本市财政补助总额,原则上最高不超过车辆销售价格的50%。如补助总额高于车辆销售价格50%,在扣除中央补助后,计算本市财政补助金额。

(3) 政策一览

表3-11 上海市新能源物流车推广政策

时间	名称	类型
2016	关于本市促进新能源汽车分时租赁业发展的指导意见	示范和财政补贴
2016	上海市交通委等关于支持新能源货运车推广应用的通知	交通出行
2016	上海市鼓励电动汽车充换电设施发展扶持办法	基础设施
2016	关于组织申报2016年度上海市新能源汽车专项资金项目的通知	示范和财政补贴
2016	上海市电动汽车充电基础设施专项规划(2016~2020年)	基础设施
2018	上海市鼓励购买和使用新能源汽车暂行办法	示范和财政补贴
2018	关于2018年度上海市鼓励购买和使用新能源汽车相关操作流程的通知	示范和财政补贴
2018	上海市燃料电池汽车推广应用财政补助方案	示范和财政补贴

6. 苏州

(1) 推广现状

在苏州,目前大约有11万辆4.5 t以下的物流车,其中基本没有新能源物流车。相关人士将苏州新能源物流车的推广现状概括为通行效率低、成本高、基础设施不足。其中,效率低是因为在苏州新能源物流车没有路权。成本高是因为,苏州于2018年2月规定,不论新能源车还是客车,都必须加喷淋装置,总价约18 000元,导致地上铁公司在苏州的车辆租金每个月比其他城市贵500元。苏州几乎没有新能源物流车的公共充电设施,充电设施基本都服务于公交车、乘用车。基础设施落后是因为在其建设过程中,从立项审批到建成需要9个月,手续复杂、耗时长。类似地上铁等运营商一般都是根据客户的地理位置建设基础设施,这些缺点使得很多运营商放弃参与建设。

(2) 主要举措

自2018年以来,苏州出台了相关政策,进一步推广新能源物流车以及其相关基础设施的建设。政策主要是围绕基础设施建设以及财政补贴。

(3) 未来规划

苏州希望学习成都的经验,基于数据分析,由政府牵头,通过自上而下的方式推动新能源物流车路权开放和基础设施配套建设。苏州已经计划先选择城区高架下面建设大型充电场站,目前政府正在引入第三方,希望能够通过合作,共同建设充电设施。

(4) 政策一览

表3-12 苏州市新能源物流车推广政策

时间(年)	名称	类型
2018	关于下达2018年新能源汽车推广应用和充电设施建设目标的通知	基础设施
2018	2018年苏州市新能源汽车推广应用财政补贴实施细则	示范和财政补贴
2018	关于调整完善新能源汽车推广应用财政补贴政策的通知	示范和财政补贴
2018	关于做好2018年新能源汽车推广应用市级财政补贴资金清算工作的通知	示范和财政补贴
2019	市政府办公室关于转发2018年苏州市新能源汽车推广应用财政补贴实施细则的通知	示范和财政补贴
2019	关于做好2018年新能源汽车推广应用市级财政补贴资金清算工作的通知	示范和财政补贴

3.5 创新应用案例

3.5.1 地上铁

1. 企业概况

地上铁租车(深圳)有限公司成立于2015年4月,是一家专注于新能源物流车集约化运营的服务配套商,致力于为各大快递物流及城配企业提供一站式的新能源物流车队租售以及运营配套服务。业务涵盖新能源物流车应用解决方案、充维服务配套、运营支持及各种增值服务。本着为用户提供绿色可持续的产品＋服务的使命,公司链接产业链上下游各方优势资源,促进客户的新能源车队结构合理化升级,持续推动客户实际运营降本增效。

图3-17 地上铁服务涉及范围

资料来源：地上铁官网

到目前为止,地上铁拥有不同类型的小面、大面、大厢式货车、轻卡、冷藏等系列的新能源物流车超25 000辆,在全国范围内已开设4个大区,业务范围覆盖深圳、北京、上海、广州、成都等50多个一二线城市,自建场站和合作场站拥有3 500多个充电配套网点,运维和保障服务设施完善。

地上铁服务范围广,自有车辆多。从2018年北理工平台接入车辆数据来看,资产占比27%,里程占比30%,资产利用率高于行业平均水平。

地上铁于2019年初获得由时代资本(Jeneration Capital)领投,远东宏信战略投资,法国著名基金 Idinvest Partners 等机构跟投的 7 千万美元 B3 轮融资。至此,地上铁已累计获得 1 亿美元 B 轮系列融资,引入股东包括博将资本、伊藤忠商事、启明创投和经纬中国等知名机构。新一轮融资资金将用于现有城市服务深耕,以及运营效率数字化和服务网络密度升级,它将为地上铁积极有效地应对政策退坡提供了强有力的资金支持。

2. 企业核心优势

① 领先的市场地位:地上铁是目前国内最大的新能源物流车运营平台,通过 4 年多的不断摸索和创新发展,其车辆保有量相当于后 5 家竞争对手的总和,积累了较为丰富的运营经验和不同客户的服务案例,具有行业领先的技术团队和标准化服务能力。

② 优质的产品供给:拥有纯电动微面、大面、大厢式货车、轻卡、冷藏车等 8 种类型,3 个核心品牌可供客户选择,且建立业界最严格车辆选型和测试标准,还能提供车辆定制化需求,可以满足不同客户类型的车辆需求。

③ 健全的运营体系:提供长租、短租、以租代购、金融支持、运力项目、物流班线、分时租赁等多样化经营模式,以及保险、保养、运维、救援、充电、信息化、安全管理、车辆定制、动力电池回收处置等多项个性化服务,让客户用车无忧。

④ 完善的配套设施:具有充电设施建设和运营的能力,目前自建和接入第三方平台的充电场站数量大于 3 500 个,能为政府和物流快递企业提供适合业务需求的充电解决方案,并愿意参与充电基础设施建设布局和运营管理。

⑤ 强大的智能系统:公司数字化运营管理能力行业领先,可实现 360°运维监控(鹰眼系统)、智慧车货追踪辅助管理(铁骑系统)、渠道商管理系统、业务应用管理系统等综合管理平台,赋能城配企业与车队客户,提升行业整体效率。

⑥ 标准的安全管理:建立标准化管理机制、评价体系、培训体系以及数字信息化管理手段,提升行业整体安全管理水平。

⑦ 专业的集约运营:"集约运营,专业分工"是未来车辆管理的方向,根据峰平谷期用车需求,借助信息化平台,实现集约化共配模式,高度契合国家绿色配送项目的初衷。

⑧ 合规的绿色运力:通过标准化的产品和运营服务能力,实现统一形象、统一数据、统一管理;可以很大程度上与客改货、网约车平台竞争,从而改变目前全市客改货和网约车非法营运的乱象,真正实现绿色、安全、经济、合规的运力市场。

3. 创新案例及实践

(1) 绿配中国·公益艺术计划

① 项目背景:该公益活动是由深圳市交通运输局和中物联装备委联合主

办,地上铁作为承运单位,以"绿色""城市""交通"为核心,邀请函国内外二十多位艺术家共同呈现的一场思想盛宴。1 000多个家庭的孩子参与了对城市的美好畅想。艺术家们倾心创作的数十件优秀艺术作品,呈现了未来城市中自然、能源、生态等的平衡,引发更多关于人类交通与生活方式的形态思考。

② 开展情况:2019 年 5 月启动,截至目前"我家的绿超人线下活动"共举办 5 场,累计 1 000 多组家庭积极参与互动,社会影响 400 万传播受众,8 000 线上互动人数,239 820 次线上投票总访问,50 多家媒体报道。在深圳首站展览共计作品约 120 件,涵盖架上绘画、雕塑、装置、影像等媒介,表达了孩子对于"绿色""安全""环保"的理解,描绘他们眼中的绿色深圳和他们所向往的美好城市。接下来"绿色中国·公益艺术计划"将去往更多城市,把新能源汽车与艺术展览结合起来,激发市民对新能源经济的关注与思考。这是大胆创新,也是公益号召。

(2) "北极星守护"ELV 安全检查计划

① 项目背景:"北极星守护"计划由地上铁发起,联合新能源物流车上下游企业共同启动新能源汽车 ELV 安全检查计划,已经吸引了南京依维柯、吉利四川商用车、北京新能源、重庆瑞驰、上汽大通、北汽福田、东风股份、比亚迪、汇川联合动力、宁德时代、桑顿新能源、海四达电源、星恒电源、盟固利、国轩高科、中能电气、车电网等企业加入。北极星象征着坚定、执着和永远的守护。该计划主要是与新能源物流车上下游企业共同制定了一整全场景的安全检查标准,并针对各大物流配送企业开始了精细化的车辆安全检查和专题安全培训。从定期核查,到每一个项目和步骤的标准流程,最终通过安全检查的车辆统一粘贴检查合格的标签,作为车辆是否有定期检查的标识,让客户安心使用。

② 开展情况:2019 年 5 月份启动以来,已完成全国近 5 000 辆新能源物流车巡检,500 多个充电桩安全检查,50 多场安全培训课程。与顺丰、京东、菜鸟、美菜、跨越、德邦、品骏、圆通开展安全共建。从平台综合数据看,2019 年微面千公里事故率较 2018 年降低 20%。

3.5.2 捷泰新能源

1. 企业概况

在国家政策扶持下,上海捷泰新能源汽车有限公司于 2015 年 1 月注册成立,总部坐落于上海市青浦区,注册资本 1 亿元人民币,为上海科泰电源股份有限公司全资子公司,首期投资 2 亿元人民币。

上海捷泰是新能源汽车整体解决方案的供应商,秉承务实进取、环保节能、用心服务、助推绿色交通、为客户创造价值的经营理念,致力于打造新能源汽车行业中专业的运营、销售、服务平台,为客户提供定制化的新能源车辆及其综合配套服务解决方案。捷泰立志于建立线上及线下的经销网络,目前捷泰已在全国建立 10 家子公司共运营 1 525 台车辆,初步建成北、上、广、深一线城市及天津、安徽、湖北、福建等重点城市覆盖的运营架构。未来 5 年内,捷泰将在全国各省市建立子公司,完成覆盖全国运营结构。

2017 年,科泰电源分别收购精虹科技和捷泰新能源,3 个公司分别利用自己的核心技术,完成新能源物流车的产业链布局,并且不断向新能源整车制造拓展。

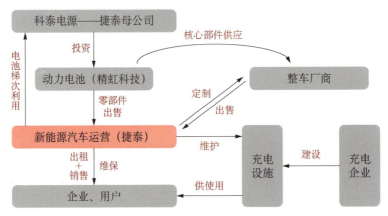

图 3－18　科泰电源新能源物流车产业链布局

资料来源:捷泰官网

科泰电源主要研发新能源汽车核心部件以及输配电设备、储能电池等。目前公司已经在全球范围内有几百万的基站、柴油发电机,不间断供电。主要客户是电信运营商及华为等科技公司。精虹科技主要负责新能源汽车动力系统研发、生产、销售和服务。公司已具备上游优选电芯、电机、电控等核心单元与部件的供应资源,不断优化供应体系与合作生态。公司产品已配套国内多家成熟车企,建立了长期稳定的合作关系。精虹科技目前有两大技术,分别是电控方面和电池方面。在电控方面,精虹科技采取自动代码生成整车控制策略,建立了稳定快速反应的平台。电池方面,精虹科技拥有自主电池管理系统 BMS 和动力电池自动化产线。

2. 企业营运状况

(1) 主要业务

捷泰新能源目前的主营业务有新能源汽车租赁与销售(业务转型后主要开

展车辆经销业务,以租代售)、整车个性化定制(与长安车厂合作研发长安 V3、V5 车型)、充电桩建设及运营服务、车辆运营管理和 4S 店售后管理。

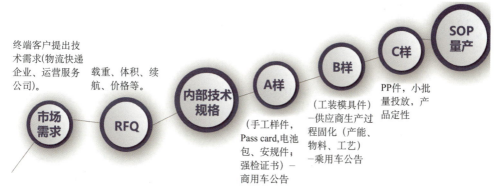

图 3-19 捷泰新能源整车定制化服务流程

(2)主要销售车型

捷泰的客户资源较好,其业务主要是直接销售至终端客户。主要与车厂定制化的车型有长安 V5、V3 和东风凯普特。

(3)企业核心优势

捷泰的核心优势:一是能将对物流业客户的深入理解转化为具体的车辆技术规格,二是覆盖较广的销售服务网络,三是自身较完善的三电产业链布局。

3.5.3 北京中城

1. 企业概况

北京中城新能源物流有限公司隶属协力集团,是北京高新技术企业、北京绿色货运企业。作为协力集团新能源汽车板块重要组成部分,中城新能源成立以来一直致力于通过自身具备的制造、销售、运维、车后、运力服务和充换电结合模式,为客户提供新能源物流车一站式解决方案。

2015 年,北京市商务委发布《关于确定 2015 年北京市电动物流车运营试点企业的公告》,北京中城新能源物流有限公司是第一批试点单位。中城新能源2016 年初组建名为绿城佳运的城市物流运输车队。公司联合中科院、北京交通大学、清华大学、北京理工大学,共同开发"智运星"车辆智能服务平台,严格把控车辆运行情况,利用车辆运营过程中反馈的大数据进行智能分析,针对城市配送的不同细分领域及业务模型提供定制化的解决方案。

中城新能源物流近两年发力于新能源物流车运营市场,先后成为北京市商委"纯电动物流车示范运营企业"、北京市交委"绿色货运企业"。单位旗下城市物流版块自主研发的"智运星"车辆智能服务平台承担了市商委"促进现代物流发展项目",农村物流版块承担了北京市科委"农用电动汽车研制及示范应用"课题任务。2017年10月19日中城新能源正式成为京津冀新能源汽车与智能网联汽车协同创新联盟发起单位。

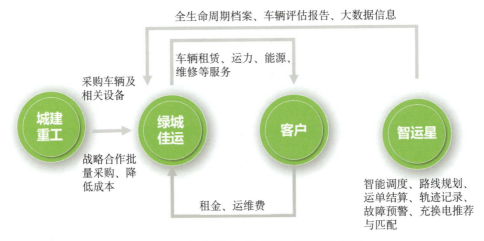

图3-20　协力集团一站式解决方案商业模型

城建重工从车企采购大量新能源车辆,对其进行智能化的改造,然后将改装好的车辆提供给绿城佳运。绿城佳运以运力服务的形式为客户提供一站式的绿色配送解决方案,其服务包括车辆租赁、运力、充电管理和维修等。智运星则提供后台的保障,负责智能调度、路线规划、运单结算、车辆监控、充换电匹配等,同时还具备向第三方提供车队管理和数据分析报告服务的能力。

2. 企业营运状况

① 车辆保有量:截至2019年4月,北京中城现有车辆均为新能源车辆,共1 132辆。车型覆盖微面、海狮、厢货等,涉及北汽、金龙等7个车企商品牌。

② 运营效率:公司内车辆最高一天能够行驶300多公里,一个月(26天)最多行驶9 700公里。其中,一个司机负责一辆车,一天最多可工作小时16 h(包括去站点充电和装卸的时间)。所以,公司的运营效率十分高。

③ 当前痛点:北京中城分公司目前主要有3个运营模式,分别是租赁、销售和运力。以运力为主,占59%,销售和租赁占比越来越少。在补贴退坡的情况下,销售并不容易打开市场。租赁业务是公司最大的痛处,未来十分堪忧。因为租赁市场态势走低,利润低。然而,新能源物流车都是重资产,对公司的现金流要求极高,风险极大。公司的客户都是物流公司,他们只会优先考虑租赁第一年

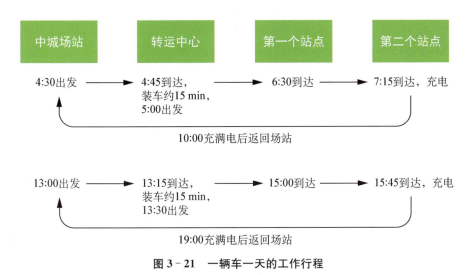

图 3-21　一辆车一天的工作行程

注：此为公司最主要的应用场景——传站业务。

的新车。所以，如何处理旧资产是一个很大的问题。公司目前的应对方案是针对物流行业关注时效性的特点，为客户提供维修充电、快速替补车辆等保障服务。

④ 充电场站：目前公司与其他公司合作共建立了 10 个场站，其中 3 个是自己核心的场站。场站是一个综合的场站，不仅可以充电，还提供维修、销售等服务，甚至可以供司机休息。一方面能给自己的车队提供后勤的保障，另一方面也能开拓市场。目前，公司的场站已经在北京形成网络。公司已经与国网、特来电、普天等充电运营商合作。当运营商向中城开放端口后，中城便能够实时监控电费使用情况。公司不仅可以实时管理车辆，也可以更加精细地把控充电等问题。

3. 企业优势

北京中城从线上信息平台、线下运营管理两个角度为顾客提供了具有企业特色的 3 种主营业务：

① 车队管理解决方案：服务项目包括新能源商用运输车全车型的长期租赁、短租、维护、整车销售、二手车销售、充换电等。主要服务对象：快递快运类，如顺丰、中通、圆通、申通、韵达等；电商类，如天猫、国美、京东；同城配，如幸福彩虹、云鸟。服务物流客户超过 100 家，租售车辆超过 400 台，车辆监控平台上线车辆超过 1 200 台。

② 定制化运输解决方案：提供新能源运输车辆及司机等专业化运输服务，客户可以根据需求自由选择所需服务类型。主要的服务对象是苏宁小店、宜家。

目前的运营现状包括自运营新能源城市配送车辆超过 100 台,运输配送月度利润率可达 24%。

③ 充换电解决方案:主要为租售车辆、城配车辆、社会新能源提供充电和换电服务。其中,充电服务包括充电桩安装服务、智能充电、优化充电成本;换电服务主要是公司自主研发的移动换电车保障随时供给能量。主要的合作对象有星星充电、中国普天、国家电网、特来电、网动、e 充网。目前公司正在研发并运营国内第一个新能源物流车的移动换电站,与星星充电、国家电网、福威斯合作建立充电站和物流车移动储能站。

第四章 基础设施

4.1 基础设施相关政策体系

4.1.1 国家政策体系

我国初步建立了较为全面的充电基础设施政策体系,政策主要包括《电动汽车充电基础设施发展指南(2015~2020年)》《提升新能源汽车充电保障能力行动计划》和《关于加快电动汽车充电基础设施建设的指导意见》等,内容主要包括了总体规划、财政支持、电力价格、电力接入、建设用地等方面。

1. 总体规划

按照《电动汽车充电基础设施发展指南(2015~2020年)》,根据各应用领域电动汽车对充电基础设施的配置要求,经分类测算,2015~2020年需要新建公交车充换电站3 848座,出租车充换电站2 462座,环卫、物流等专用车充电站2 438座,公务车与私家车用户专用充电桩430万个,城市公共充电站2 397座,分散式公共充电桩50万个,城际快充站842座。按照新能源汽车的推广进程,全国进行了区域划分并提出了不同的充电基础设施建设目标。

2. 财政支持

2016年,财政部、科技部、工信部、国家发改委、国家能源局等5部委联合发布了《关于"十三五"新能源汽车充电基础设施奖励政策及加强新能源汽车推广应用的通知》,给出了充电基础设施建设、运营的具体补贴标准。与新能源汽车的补贴标准不同的是,充电基础设施的补贴是按照推广新能源汽车的效果一次性下发资金到地区。例如,补贴额度最高的大气污染治理重点区域和重点省市,高补贴额为2016年1.2亿元,2017年1.4亿元,2018年1.6亿元,2019年1.8亿元,2020年2亿元。该政策执行期限为2016~2020年。

图 4-1　新能源汽车推广区域划分

资料来源：中华人民共和国发改委官网

根据 2018 年发布的《关于调整完善新能源汽车推广应用财政补贴政策的通知》，已经指出了财政补贴对于新能源汽车的补贴的逐渐退坡，并且将购置补贴的资金逐渐转为支持充电基础设施的建设和运营，与《"十三五"》的要求相契合。

3. 电力价格

根据国家发改委出台的《关于创新和完善促进绿色发展价格机制的意见》，要利用电价差、辅助服务补偿等市场化机制，促进储能发展。根据 2014 年发布的《国家发展改革委关于电动汽车用电价格政策有关问题的通知》，对向电网经营企业直接报装接电的经营性集中式充电换电设施用电，执行大工业用电价格，2025 年前免收需量（容量）电费；其他充电设施按其所在场所执行分类目录电价；电动汽车充换电设施用电执行峰谷分时电价政策。电力价格方面的优惠是为了确保电动汽车在终端市场的价格竞争力，当电动汽车发展到一定规模后，将会逐步放开充换电服务费，形成市场竞争。

4. 电力接入

电网企业要为充电基础设施接入电网提供便利条件，充电基础设施产权分界点至电网的配套接网工程，由电网企业负责建设和运行维护，不得收取接网费用，相应资产全额纳入有效资产，相应成本据实计入准许成本，纳入电网输配电价回收。

表4-1 2016~2020年各省(区、市)新能源汽车充电基础设施奖补标准(单位:元)

年份	大气污染治理重点区域和重点省市			中部省和福建省			其他省(区、市)		
	奖补门槛(标准车推广量)	奖补标准	超出门槛部分奖补标准	奖补门槛(标准车推广量)	奖补标准	超出门槛部分奖补标准	奖补门槛(标准车推广量)	奖补标准	超出门槛部分奖补标准
2016	30 000	9 000	每增加2 500辆,增加奖补资金750万元。奖补最高封顶1.2亿元	18 000	5 400	每增加1 500辆,增加奖补资金450万元。奖补最高封顶1.2亿元	10 000	3 000	每增加800辆,增加奖补资金240万元。奖补最高封顶1.2亿元
2017	35 000	9 500	每增加3 000辆,增加奖补资金800万元。奖补最高封顶1.4亿元	22 000	5 950	每增加2 000辆,增加奖补资金550万元。奖补最高封顶1.4亿元	12 000	3 250	每增加1 000辆,增加奖补资金280万元。奖补最高封顶1.4亿元
2018	43 000	10 400	每增加4 000辆,增加奖补资金950万元。奖补最高封顶1.6亿元	28 000	6 700	每增加2 500辆,增加奖补资金600万元。奖补最高封顶1.6亿元	15 000	3 600	每增加1 200辆,增加奖补资金300万元。奖补最高封顶1.6亿元
2019	55 000	11 500	每增加5 000辆,增加奖补资金1 000万元。奖补最高封顶1.8亿元	38 000	8 000	每增加3 500辆,增加奖补资金700万元。奖补最高封顶1.8亿元	20 000	4 200	每增加1 500辆,增加奖补资金320万元。奖补最高封顶1.8亿元
2020	70 000	12 600	每增加6 000辆,增加奖补资金1 100万元。奖补最高封顶2亿元	50 000	9 000	每增加4 500辆,增加奖补资金800万元。奖补最高封顶2亿元	30 000	5 400	每增加2 500辆,增加奖补资金450万元。奖补最高封顶2亿元

资料来源:中华人民共和国科学技术部官网

5. 建设用地

各地要将充电基础设施专项规划的有关内容纳入城乡规划，完善独立占地的充电基础设施布局，明确各类建筑物配建停车场以及社会公共停车场中充电设施的建设比例或预留条件要求。根据《住房城乡建设部关于加强城市电动汽车充电设施规划建设工作的通知》，原则上新建住宅配建停车位应100%建设充电基础设施或预留建设安装条件，大型公共建筑物配建停车场、社会公共停车场建设充电基础设施或预留建设安装条件的车位比例不低于10%，每200辆电动汽车应至少配套建设一座公共充电站。各地要将独立占地的集中式充换电站纳入公用设施营业网点用地，按照加油加气站用地供应模式，根据可供应的国有建设用地情况，优先安排土地供应。

4.1.2 地方政策体系

在国家《电动汽车充电基础设施发展指南（2015～2020年）》以及《提升新能源汽车充电保障能力行动计划》的指引下，各地方政府制定了新能源汽车以及充电基础设施十三五发展规划，提出了充电设施建设目标以及相关的保障措施。地方政策所包含的政策类型基本类似，但又因地制宜，制定了适合自身发展的政策。

表 4-2　地方政策总结

地区	政策内容	发文单位	发布时间	分类	发文号
北京市	北京市电动汽车充电基础设施专项规划（2016～2020年）	北京市发展和改革委员会、北京市科学技术委员会、北京市规划委员会、北京市住房和城乡建设委员会	2016年4月	宏观综合	京发改〔2016〕620号
	北京市电动汽车社会公用充电设施运营考核奖励暂行办法	北京市城市管理委员会、北京市财政局	2018年10月	财政支持	京管发〔2018〕107号
	关于加强停车场内充电设施建设和管理的实施意见	城市管理委员会、北京市交通委员会	2018年8月	建设规划	京管发〔2018〕94号
深圳市	关于调整我市电动汽车充电服务费的通知	深圳市发展和改革委员会	2018年7月	服务费规定	深发改〔2018〕785号

续表

地区	政策内容	发文单位	发布时间	分类	发文号
上海市	上海市鼓励电动汽车充换电设施发展扶持办法	上海市人民政府办公厅	2016年5月	宏观综合	沪府办发〔2016〕16号
	2018年度闵行区相关单位推广应用新能源汽车申请补贴的通知	闵行区经济委员会	2018年7月	财政支持	
天津市	加快居民小区公共充电桩建设实施方案	天津市发展和改革委员会	2019年6月	建设规划	
	天津市加快新能源汽车充电基础设施建设实施方案(2018~2020)	天津市发展和改革委员会	2018年12月	宏观综合	
广东省	广东省电动汽车充电基础设施规划(2016~2020年)	广东省发展改革委	2017年1月	宏观综合	粤发改价格〔2016〕691号
	广东省电动汽车充电基础设施建设运营管理办法	广东省发展改革委	2017年1月	宏观综合	粤发改价格〔2016〕632号
	关于我省新能源汽车用电价格有关问题的通知	广东省发展改革委	2018年9月	电费规定	粤发改价格〔2018〕313号
广州市	广州市加快推进电动汽车充电基础设施建设3年行动计划(2018~2020年)	广州市工业和信息化委员会	2018年12月	宏观综合	穗工信〔2018〕8号
	广州市电动汽车充电基础设施补贴资金管理办法	广州市工业和信息化委、广州市财政局	2018年6月	财政支持	穗工信规字〔2018〕3号
浙江省	关于2019年浙江省充电基础设施建设发展年度计划的通知	浙江省发展和改革委员会	2019年5月	宏观综合	浙发改能源〔2019〕232号
安徽省	安徽省人民政府发布关于加快电动汽车充电基础设施建设的实施意见	安徽省人民政府办公厅	2016年1月	宏观综合	皖政办〔2016〕3号

续表

地区	政策内容	发文单位	发布时间	分类	发文号
海南省	海南省电动汽车充电基础设施规划（2019~2030）	海南省人民政府办公厅	2019年5月	宏观综合	琼府办函〔2019〕122号
	关于印发《海南省电动汽车充电基础设施建设运营省级补贴实施暂行办法》的通知	海南省发展和改革委员会、海南省财政厅	2017年2月	财政支持	琼发改交能〔2017〕349号
苏州市	关于核定2018年第三季度我市纯电动汽车（7座以下）充电设施服务价格的通知	苏州市物价局	2018年7月	服务费规定	苏价环字〔2018〕79号
	关于核定2018年第三季度我市纯电动客车（12 m）充电设施服务价格的通知	苏州市物价局	2018年7月	服务费规定	苏价环字〔2018〕80号
厦门市	厦门市2018年公共停车设施建设工作方案	厦门市人民政府办公厅	2018年6月	建设规划	厦府办〔2018〕99号
青岛市	关于明确我市电动汽车充电服务费政策的通知	青岛市物价局	2018年6月	服务费规定	青价格[2018]16号
大连市	大连市鼓励电动汽车充电基础设施发展专项资金管理办法	大连市发展和改革委员会、大连市经济和信息化委员会、大连市科学技术局、大连市财政局	2018年4月	财政支持	大发改能源字〔2018〕161号
长沙市	长沙市充电基础设施"蓝天保卫战"专项实施方案	长沙市发展和改革委员会	2018年6月	宏观综合	长发改能源〔2018〕102号
郑州市	郑州市城乡规划局发布关于推动电动汽车充电基础设施的规划建设的通知	郑州市城乡规划局	2016年4月	建设规划	郑城规规〔2016〕38号
泰州市	关于市区电动汽车充电设施服务价格的通知	泰州市物价局	2019年1月	服务费规定	泰价工〔2019〕5号

续表

地区	政策内容	发文单位	发布时间	分类	发文号
广西省	广西壮族自治区加快推进电动汽车充电基础设施3年行动计划(2019~2022年)	广西壮族自治区发展和改革委员会	2019年6月	宏观综合	桂发改能源〔2019〕507号
成都市	关于我市电动汽车充电服务费有关问题的通知	成都市发展和改革委员会	2017年8月	服务费规定	成发改价格〔2017〕611号

资料来源：各政府官网

地方政策主要包括4种类型：宏观综合类、财政支持类、电费服务费规定类和建设规划类。政策内容由大到小，从宏观目标到具体实施规定，较为全面地为充电基础设施的发展保驾护航。

1. 宏观综合

各省、市、自治区基本都制定了本地区充电设施在未来几年内的中长期发展目标。基本都涵盖了总体数量目标、重点地区和领域目标、建筑配建目标、鼓励技术发展和商业模式创新、做好配套电网接入与供电服务等内容。这一类的政策的特点是全面，各方面都做出了要求，但是缺少具体的实施细则。

（1）北京市电动汽车充电基础设施专项规划(2016~2020年)

① 数量目标：充电桩43.5万个；公用充电设备车桩比不低于7∶1；私人用车领域车桩比基本实现1∶1。重点建设区域包括城市核心区、通州新城、亦庄、延庆冬奥区域等重点区域，充电服务半径小于0.9公里。

② 加快充电基础设施体系：规范用户居住地、城市公用、单位内部停车场、公共专用等领域充电设施建设。

③ 鼓励商业模式创新，探索多元投融资模式：鼓励充电服务企业与整车、地产、互联网等企业以及政府的合作。

④ 鼓励关键技术创新和研发，积极开展新技术示范与应用：积极发展电池梯次利用、智慧电网、分布式可再生能源等新技术。

⑤ 加强充电设施安全管理：加强互联网＋充电设施服务体系，力求提升运营效率和用户体验。

⑥ 加快京津冀充电设施协同建设，完善京津冀充电设施互联互通机制。

⑦ 强化配套政策支持：要求完善其他支持政策，并明确了各部门的职责和责任。

(2) 广东省电动汽车充电设施规划(2016～2020年)

① 数量目标：在公共服务领域，公交车充换电站按桩车比不低于1：4，出租车充换电站按桩车比不低于1：10，物流环卫等专用车充电站按桩车比不低于1：2.5，公共充电站与公共充电桩按桩车比不低于1：2.5。在专用领域，公共机构、私人专用充电桩均按桩车比1：1配置。充电站约1490座，站外分散式充电桩约35万个。

② 加快充电基础设施体系建设：重点推进公共服务领域、用户居住地、公共机构内部停车场的基础设施建设，加快城市和城际快充充电网络建设。

③ 完善充电基础设施配套支撑体系建设：智能服务平台、配套电网、充电标准化的发展以及关键技术的研发应用。

④ 探索可持续发展商业模式。要发挥电网企业的示范作用，积极引入社会资本，鼓励商业模式创新。

⑤ 强调政府层面的支持保障措施。简化审批手续、加大用地力度支持、完善财税金融支持，实行扶持性电价政策等。

北京市与广东省的宏观规划都是从电动汽车的发展和需求分析出发，给出了总体的充电桩数量目标、各领域的车桩比等。之后指出了基础设施发展的重点，基本包括居住地、单位内部、公共以及城际高速等地的基础设施建设。另外，还包括寻求更好的充电基础设施商业模式、提高关键技术研发、对政府各机关的要求等内容。

2. 财政支持

北京市城市管理委会同市财政局于2018年10月制定并印发《北京市电动汽车社会公用充电设施运营考核奖励暂行办法的通知》，该政策面向社会公用充电设施，根据对充电站运营的考核评价结果，按照分数从高到低排序并划分为A、B、C、D四个等级，并按照等级给予一定的财政资金奖励。考核分为日常考核奖励和年度考核奖励。其中，日常考核为每3个月对电动汽车公用充电站的经营情况进行考核评价，促进企业提高充电设施运营效率；年度考核是在考核年度内对公用充电站的运行维护管理情况进行考核评价，引导企业加强管理，保证充电设备的安全性与可使用性。

表 4-3　北京市充电站运营考核奖励标准

充电站等级	日常考核奖励	
	标准(元/千瓦时)	上限(元/千瓦·年)
A	0.2	1 500
B	0.1	
C	0.05	
D	0	
A	106	20
B	90	17
C	74	14
D	0	0

广州市于 2018 年 6 月发布了《广州市电动汽车充电基础设施补贴资金管理办法》，提出对于满足条件的充电桩给予相应的补贴。申请要求包括符合国家标准、保证至少 5 年的正常运行、能够实现平台的互联互通、数据采集和管理安全符合规范、已建成的总功率不少于 2 000 kW 等。

表 4-4　广州市电动汽车充电设施补贴标准

	直流、交直流一体充电桩、无线充电设备	交流充电桩	换电设施项目
一次性补贴(元/kW)	550	150	2 000
运营补贴	按照 0.1 元/kWh 的补贴标准,单桩(单个换电工位)补贴上限小时数为每年不超过 2 000 h		

从两个地区的补贴政策可以看出，不同政府发放补贴的标准不同，北京更加注重后期的运营，因为北京市的充电桩保有量处于全国第一的位置，因此它更加注重保证现有充电桩的持续运营，并且每年考核，促使运营企业在监管下能够做到加强对充电场站的监控和维护。广州市的补贴政策则覆盖了建设阶段到运营阶段，在建设阶段给予一次性补贴，运营阶段每年给予补贴，对于申请补贴的充电设备，政策也作出了详细的规定，尽力避免"僵尸桩"的出现。

3. 电费与服务费规定

在电费与服务费的相关政策规定中，由于国家层面的政策规定了电费按照大工业用电价格收取，因此苏州市物价局于 2018 年 7 月发布了《关于核定 2018

年第三季度我市纯电动汽车(7座以下)充电设施服务价格的通知》,苏州对纯电动汽车(7座以下)充电服务价格按充电电度收取,最高价格2.04元/kWh。另外,苏州市还发布《关于核定2018年第三季度我市纯电动客车(12 m)充电设施服务价格的通知》,苏州对纯电动客车(12 m)充电服务价格按充电电度收取,最高价格1.56元/kWh。

深圳市发布的《关于调整我市电动汽车充电服务费的通知》要求自2018年7月1日起,电动汽车充电服务费最高限价调整为0.80元/kWh。

青岛市物价局于2018年5月发布《关于明确我市电动汽车充电服务费政策的通知》,其中,要求充电服务费按充电电度收取,实行最高限价管理。电动公交车充电服务费最高不得超过0.60元/kWh,电动乘用车充电服务费最高不得超过0.65元/kWh。充电设施经营企业可在最高限价内给予用户优惠。

成都市《关于我市电动汽车充电服务费有关问题的通知》规定了电动汽车充电服务费按充电电量收取,充电服务费指导价格上限为0.60元/kWh,鼓励充电设施经营企业向下浮动充电服务费。

各地基本都出台了有关电费与服务费的规定,都制定了收费价格的上限。标准和规定方式各有不同,例如,苏州市、青岛市对于不同类型的电动汽车的收费标准作了规定,而深圳市与成都市对所有电动车类型一视同仁。苏州市在制定价格上限时同时考虑了电费和服务费,而其他的城市仅规定了服务费的价格,电费按照大工业用电价格和充电电度收取。

4. 建设规划

针对不同的电动汽车应用场景需要给出针对性的建设规划,除了常见的市区里的公共充电场站,国家的政策对其他场景,如停车场、小区、城际高速,都给出了相应的建设目标。各地也出台了不同地区的建设规划政策。

北京市发布的《关于加强停车场内充电设施建设和管理的实施意见》是针对停车场内充电设施建设的专项政策。政策内容包括对新建停车场的充电设施指标的落实;对现有的停车场进行建设规划,按照不低于10%车位比例配建公用充电设施;鼓励停车场产权(经营)单位采取自建自营或者委托充电设施企业建设管理的方式推进充电设施建设;鼓励各区交通委(交通局)协调停车场产权单位统一对充电设施进行信息化系统改造,提升停车场综合服务水平等。

天津市于2019年5月发布了《加快居民小区公共充电桩建设实施方案》,提出了年底达成100个小区100台公共充电设备的建设目标,并给出了具体的工作安排。从小区的筛选、建设到竣工都给出了具体的要求。

总地来说,除了各个省(市)出台的有关基础设施建设的纲领性政策,具体的基础设施相关政策覆盖了建设规划、建设和运营补贴、电费和服务费价格 3 个部分,从消费者和运营商两个维度全面推动,既减少了新能源汽车使用者充电费用的消耗,同时也给予充电基础设施运营商一定的补贴。建设规划则进一步合理规划充电基础设施布局,进一步解决充电难的问题。

4.2 充电技术与标准综述

1. 充电标准综述

我国充电标准是由中国电力企业联合会牵头,多家充电基础设施生产商和运营商共同探讨制定,先后经历了 2006、2011、2015 三个版本,虽然在标准内容和技术水平方面不断完善、提升,但仍旧属于推荐标准,并没有强制执行。我国的充电标准将充电器的插头分为普通充电插头和快速充电插头两种。充电方式分为交流慢充和直流快充两种方式,供电设备输出交流电压一般规定为单相 220 V,三相 380 V;直流电压不超过 950 V,输出电流不超过 250 A,而输出电压超过 950 V 时,则由车辆制造商与供电设备制造商协商决定。

① 充电接口:国家于 2015 年发布了 GB/T 20234《新能源汽车传导充电用连接装置》3 项系列国家标准,包括传导充电接口的通用要求、交流接口互换性、直流接口互换性等内容。

② 通信协议:2015 年发布了 GB/T 27903《新能源汽车非车载传导式充电机与电池管理系统之间的通信协议》。现在已经完成充电设施、充电接口、充电站建设运行、充电服务相关标准建设,基本满足了充电设施产业发展的需要。

新能源汽车充换电设施相关国际标准主要有 IEC/TC69 和 IEC/SC23H 负责制定。目前,关于新能源汽车充电系统系列标准 IEC 61851 由 TC69/WG4、MT5 负责维护;充电接口相关的标准 IEC62196 系列由 IEC/SC23H/MT8 维护;通信协议 ISO/IEC 15118 系列由联合工作组 JWG1 负责。

2. 充电基础设施产品介绍

随着电动汽车的市场逐渐扩大,对充电设备的需求也逐渐增加,而随着新能源汽车应用场景的逐渐丰富,各大充电设备制造商也推出了针对性的产品。一般来说,按照充电方式充电产品分为交流充电终端与直流充电终端。按照充电桩的安装方式又可以分为落地式、壁挂式和便携式。落地式充电桩适合安装在不靠近墙体的停车位,挂壁式充电桩适合安装在靠近墙体的停车位,而便携式则用于路途中的紧急补电行为。按照充电桩所有充电枪的数量又分为单枪、双枪和多枪。按照应用场景和车型分类,又可以分为不同功率等级的充电终端。

表 4-5 不同应用场景下充电设备需求

物流车/商用车	60~120 kW 直流
公交车	120 kW 以上 直流
乘用车	30~60 kW 直流
商业住宅区	7 kW 交流

表 4-6 交流充电设备

单相交流终端	三相交流单枪	三相交流双枪	路灯式
外形尺寸	壁挂式 370 mm×375 mm×140 mm/落地式 370 mm×375 mm×1 300 mm	壁挂式 412 mm×417 mm×826 mm/落地式 412 mm×417 mm×1 637 mm	567 mm×258 mm×1 600 mm	586 mm×130 mm×103 mm
重量		64 kg(含支架)	壁挂式 34 kg	5 kg
安装形式	壁挂式,支架式	壁挂安装、落地安装	落地安装	
输入电压		380 V AC	380 V AC	220 V AC
输出功率	7 kW	40 kW	2×40 kW	
输出电压	220 V AC	380 V AC	380 V AC	220 V AC

续表

	单相交流终端	三相交流单枪	三相交流双枪	路灯式
输出电流	32 A	63 A	2×63 A	32 A
功率因素	≥0.99	≥0.99		
通信接口	以太网、CAN、GPRS/3G/WiFi	NFC、BT4.0、GPRS、433M		以太网、CAN、GPRS/3G/WiFi
机械寿命	空载插拔＞10 000 次			
防护等级	IP54（工作状态中）	IP54（工作状态中）	IP55（工作状态中）	IP54（工作状态中）
工作环境温度	－20～＋50℃	－20～＋50℃	－20～＋50℃	－30～＋50℃

表 4-7 直流充电设备

	落地式直流充电桩	移动式直流充电桩	壁挂式直流充电桩	单相便携式直流充电机
外形尺寸		440 mm×400 mm×937 mm	850 mm×245 mm×450 mm	416 mm×190 mm×450 mm
安装形式		移动式	壁挂式	固定式
输入电压	380 V AC(±20%)	380 V AC(±20%)	380 V AC	176～264 V AC
输出电流	125 A（最大）	20 A(750 V)；30 A(500 V)	36 A	≤11 A

续表

	落地式直流充电桩	移动式直流充电桩	壁挂式直流充电桩	单相便携式直流充电机
输出电压范围	200～500 V DC；250～750 V DC	200～750 V；200～500 V	500 V DC	450～700 V
最大输出功率	60 kW	30 kW		≤6 kW
防护等级	IP54（工作状态中）			IP30
工作环境温度	－20～＋50℃			－20～＋40℃（超过40℃降额）风冷

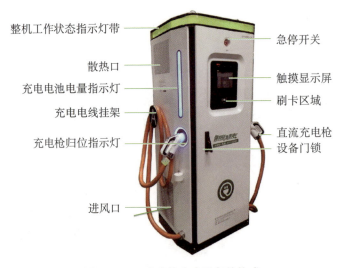

图4-2 一台直流充电设备的构成

资料来源：特来电

4.3 基础设施的发展现状

公共充电桩是建设在公共停车场（库）结合停车泊位，为社会车辆提供公共充电服务的充电桩。目前，我国公共领域充电基础设施保有量世界第一。国家层面对新能源汽车战略路线的确定，充电基础设施政策体系完善，新能源汽车保有量大幅度增加,以及对公共领域充电依赖性高,是我国公共领域充电基础设施保有量世界第一的主要原因。

1. 市场发展现状

充电基础设施建设爆发在2016年。2017年后,充电设施数量呈现稳定增长状态。进入2019年,新能源汽车的补贴政策持续性退坡,并将财政转为支持充电基础设施的发展。根据充电联盟2019年7月发布的2019年6月全国电动汽车充电基础设施运行情况,截至2019年6月,联盟内公共类充电设施保有量为411 619台,数量呈稳定上升趋势,相较于2018年6月,同比增长51.5%,其中交流充电桩23.6万台,直流充电桩17.5万台,交直流一体充电桩0.05万台。随车配建的私人桩累计59.1万台,同比增长了84.3%。总地来说,到2019年6月,充电基础设施的数量达到了100.2万台。车桩比约为3.5∶1,相较于2018年6月的4∶1的车桩比有所提升。

图4-3　我国2014~2019年6月公共类充电设施发展情况(单位:台)

数据来源:EVCIPA

公共桩的电力流向主要有3个方面：一是公交车;二是乘用车;三是其他车辆,包括环卫物流车、出租车等。其中,公交车的占比最大,乘用车其次。这与许多城市的公交车辆全面电动化有直接关系。

根据车企的数据,私人桩的增长数量与新能源汽车(私家车)的销售情况成正相关,但是由于居住地物业不配合、居住地没有配置停车位、集团用户自行建桩等原因,仍有32.48%的新能源汽车消费者没有配建充电桩,日常需要依靠公共充电场站补电。

图 4‑4　我国近一年来公共类充电设施发展情况（单位：台）

数据来源：EVCIPA

图 4‑5　各省级行政区域公共类充电桩分布图（单位：台）

资料来源：EVCIPA

在地区层面,公共充电基础设施建设区域较为集中,前 10 位的地区占比达 75.3%。公共充电基础设施充电电量集中度也较高,但数量与充电量之间存在差异。北京市和上海市作为公共类基础设施最多的地区,但充电总量平均充电量排名都较为靠后;而陕西省和四川省作为保有量排名较为靠后的地区,其充电量和平均充电量却名列前茅。可以看出,发达地区对于公共类基础设施的依赖程度较小,这可能是由于这些地区乘用车的比例较大,更多的充电行为是靠私人充电设备完成的。一方面,陕西省、四川省、福建省这些地区基础设施缺口较大,充电设施的增加速度没有跟上车的增长速度,充电设施仍然需要一段时间的投建。另一方面,在北京市、上海市等超一线城市,某些限制导致充电基础设施虽然按照国家政策在加紧布局建设,但是地区的交通管理政策,如限行,又限制了新能源商用车的使用和充电行为。这也使得充电基础设施利用率低下、输出电量低下的问题较为明显。

表 4-8 2019 年 6 月地区公共类基础设施保有量与充电量对比

地区	保有量 (台)	保有量排名 (全国)	6 月充电量 (万千瓦时)	充电量排名 (全国)	平均充电量 (万千瓦时)	平均充电量排名
北京市	51 774	1	1 665.6	9	0.032 171	9
上海市	49 581	2	1 444.6	10	0.029 136	10
江苏省	47 330	3	4 106.1	2	0.086 755	6
广东省	46 753	4	7 546.3	1	0.161 408	4
山东省	29 974	5	2 014.4	6	0.067 205	8
浙江省	22 825	6	1 679.1	8	0.073 564	7
湖北省	13 422	10	1 968.1	7	0.146 632	5
福建省	13 035	11	2 177.6	5	0.167 058	3
陕西省	12 933	12	3 365.5	3	0.260 226	1
四川省	10 017	15	2 270.1	4	0.226 625	2

资料来源:谦鸣咨询

2. 充电设施与新能源汽车产品的发展水平相互制约

消费者对于新能源车的不信任很大程度上来源于充电难的问题。"充电难"覆盖了整个充电过程,从找不到可用充电桩、充电设备不匹配,到最后支付不成功,一系列的问题影响了车主的充电体验,造成了普遍的"充电难"的感受。因此,解决"充电难"的问题才能使得消费者增强对电动汽车的信心。

从技术角度上,充电基础设施的技术已经能够完全达到超快充的水平,能够满足消费者的期望。但是,汽车本身却限制了市场上充电设备的功率,更大功率的充电设施的商业化还比较困难。比如,充电桩单枪的输出功率能够到 200 kW,但是电动汽车本身却无法承受这么大的功率输入。比如,某 J 车企生产的轻卡最大能接受 120 kW,厢式货车能接受 66 kW。在补贴退坡的情况下,车企必须控制汽车的制造成本,但是更快的充电速度代表了成本的增加,比如,能承受更大电流,或者加强绝缘的保护,都需增加成本。

总地来说,消费者对于电动汽车的要求是矛盾的,一方面要求成本合理,另一方面要求充电速度更快。为了达到这个目标,电动汽车的制造水平与技术需要一段时间的发展和大幅度的提高。

4.4 充电运营现状和趋势

4.4.1 运营商情况

根据充电联盟数据,截至 2019 年 6 月,全国规模化运营商企业共有 19 家(充电设施保有量超 1 000 台)。其中,特来电运营 13.3 万台,国网运营 8.8 万台,星星充电运营 8.6 万台,依威能源运营 2.1 万台,上汽安悦运营 1.7 万台,中

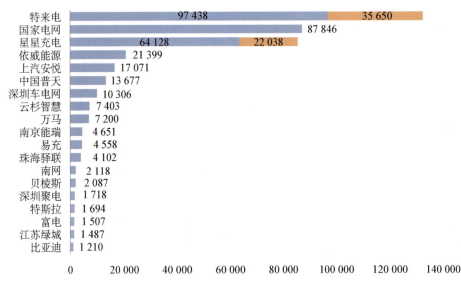

图 4-6 2019 年 6 月主要运营商所运营充电桩数量(单位:台)

资料来源:EVCIPA

国普天运营 1.4 万台,深圳车电网运营 1.0 万台。这 7 家运营商占总量的 89.8%,其余的运营商占总量的 10.2%。充电运营商集中度高,其中特来电、国家电网、星星充电 3 家运营商的数量远超其他 4 家运营商。

4.4.2 充电基础设施产业现状

1. 前期投资大,投资回报周期长

充电基础设施是一个重资产的产业,建设一个较大的、自有的充电场站的初期投入较大。整个投资过程主要分为两个阶段:建设阶段以及运营阶段。建设阶段持续时间通常较短,而运营期在不考虑其他特殊情况下,一般可以达到 8~10 年。

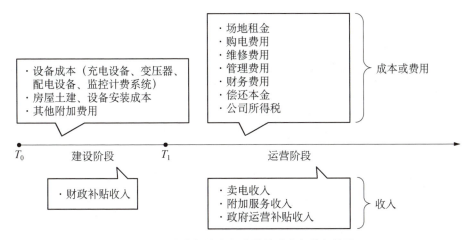

图 4-7　充电场站在各阶段的成本与收入情况

在建设期的现金流出主要包括 3 个方面:各种设备成本、房屋土建和设备安装费用,以及其他附加费用(例如调研规划费用等)。该阶段的现金流入主要来自政府的补贴收入,但由于申请到补贴正式下发都需要等待较长的时间,且不同地区政府的财政情况有所差异,因此大多数运营商在投建一个公共充电场站时并不会依赖于政府补贴。

表 4-9　充电场站设备价格

设备	单价
充电桩(60 kW 直流)	60 000 元
变压器和配电设备	1 000 元/kW
监控和计费系统	200 000 元
电缆(50 m)	8 000 元

数据来源:星星充电

在充电场站的运营期内,费用种类较为繁杂,主要包括租金、购电费用、维修费用、管理费用、财务费用、偿还本金、应交税费等。财务费用和偿还本金是在运营商存在贷款行为时的需要考虑的。租金和购电费用大概占据了总费用的10%。而运营期的收入主要来自3部分,卖电收入、附加服务收入和政府运营补贴收入。其中,卖电收入主要包括两个部分,一是电费,二是服务费。这两部分是放在一起进行核算的,每个地区的电费和服务费都有所不同。附加服务收入主要来自各运营商提供的独特的其他服务,包括汽车维修、上牌、保险等。政府的运营补贴收入是政府给予运营商在运营期间的财政支持,补贴标准具有地区差异。

表4-10 运营阶段充电场站成本费用说明

成本项目	描述
租金	按照车位数量计算,一个车位的年租金大约是6 000元(2.5 m×5.3 m)
购电费用	理论上与卖电的电费收入相等,但要考虑充电时的电损,大约为10%,这部分损失由运营商承担
维修和管理费用	按照前期投入的百分比进行核算
公司所得税	按照高新技术企业15%的优惠税率核算

资料来源:星星充电。

一句话概括投资充电场站的特点:投资以百万元计算,收入以元计算。充电场站到达盈利点前要经历较长的时间,现在大量的充电运营商仍然处于亏损状态。

对充电场站的投资进行了一个简单的核算。在不考虑政府补贴以及不向银行借贷的情况下,假如投资一个大型公共充电场站(50个车位),平均利用率可以达到25%,并且建设期为1年,之后进入运营期,那么成本回收期大概在第4.1年,之后进入盈利期。如果只有20%利用率,那么成本回收期将会延期到第5年;如果仅有10%的利用率,那么仅靠卖电获得的收入将很难保证盈利。

2. 利用率低

充电基础设施利用率低下依然是一个较大问题,虽然大量的充电行为是由私人慢充桩完成的,公交车、垃圾车等电动车辆有专用的充电场站,但物流车、网约车为了完成日常的业务,行驶过程中的补电行为是必须的,大多依靠公共充电桩,中途用1~2小时的补电。

根据充电联盟提供的宏观数据,计算得出了6月份10个地区公共充电桩大概的平均利用率。假设每次充电行为均由单桩 60 kW 的快充桩完成,考虑到充电时的损耗等问题,可以看出,像北京市、上海市这样新能源汽车推广走在前列的城市,其公共桩的利用率反而更低,不到 1%。即使利用率较高的四川省和陕西省,其利用率也不超过 10%。这足以说明现在公共充电桩的利用率极低,分析其原因可能有:一是新能源汽车推广走在前列的城市,由于 2015 年新国标的发布,出现了许多旧国标的废桩,可使用的桩并没有达到统计的数量;二是由于在充电基础设施建设爆发的时间里,运营商在建设规划上并没有考虑实际的使用需求,仅仅依靠建设公共充电场站而占据更大的市场份额。在四川省等地区,由于运营商积累了一定的经验,对于公共充电场站的投建有了更加严谨的分析考察,能够尽量规避"僵尸桩"的出现。

表 4-11 各地区 6 月公共充电设备利用率

地区	保有量(台)	6 月充电量 (万千瓦时)	平均充电量 (万千瓦时)	利用率
北京市	51 774	1 665.6	0.032 170 588	0.74%
上海市	49 581	1 444.6	0.029 136 161	0.67%
江苏省	47 330	4 106.1	0.086 754 701	2.01%
广东省	46 753	7 546.3	0.161 407 824	3.74%
山东省	29 974	2 014.4	0.067 204 911	1.56%
浙江省	22 825	1 679.1	0.073 564 074	1.70%
湖北省	13 422	1 968.1	0.146 632 395	3.39%
福建省	13 035	2 177.6	0.167 057 921	3.87%
陕西省	12 933	3 365.5	0.260 225 779	6.02%
四川省	10 017	2 270.1	0.226 624 738	5.25%

3. 互联互通程度低

在相关政策加快互联互通的引导下,各大运营商都建立起了自己的平台,并且开放给支付、地图等第三方平台,互联互通的困境有所改善。然而,各大运营商并没有完成相互之间的平台互通,用户其实还需要下载多个 APP,无法在一个平台上查询到所有可以使用的充电设备,需要在多个平台上重复查询。

4. 用户体验不佳

随着充电基础设施的发展,充电设施的数量逐渐增加,车桩比也逐渐达到合理的水平,但是数量的增加并没有改善用户的充电体验。首先,一些场站的投建并没有合理地规划,导致利用率极低的一些场站出现。其次,国家于 2015 年发布了新的充电相关标准,一些老国标的充电桩逐渐退出市场,失去服务能力。另外,虽然一些充电桩具备同时服务老国标与新国标的电动车的能力,但是在桩和车的匹配上依然存在一些问题,比如,某些电动车的充电电压为 750 V,但能够提供 750 V 输出电压的充电设备却很少,车主找到匹配的充电桩很困难。最后,在公共场站油车占位的问题依然存在,一些小的场站缺少监控系统,管理体系存在漏洞,这也使得虽然桩是可使用的状态,但是车主没有停车位停放充电车辆。

4.4.3 充电基础设施产业变化趋势

1. 由重数量转为重质量

由于前期存在"拍脑袋"决定的,或者是为了抢占市场而建立的充电场站,由于位置不够好,维护不到位等问题,出现了很多充电场站无人问津的现象。随着充电桩数量逐渐增加,运营商对于充电场站的建设更加理智。根据某充电运营商介绍,现在投建一个新的场站,有很严格的前期调研工作,包括地理位置的选择、与物业的关系、场站附近的电动汽车情况等,只有保证该充电场站能够达到一定的电量输出,能够盈利,才会投资建设。

2. 由封闭到逐渐开放

基础设施运营商将自己的平台逐渐开放给第三方平台,从开始的刷卡支付到现在各种支付方式皆可,从只能在自营的 APP 上查询充电桩情况到能在微信和地图应用上获得信息,充电基础设施正在逐渐由封闭变得开放。

3. 由交流分散的场站转为直流集中场站

因为交流桩的运营效率低下,每小时充电量低,充电时间长,充电基础设施运营商能够从交流桩获得的收益很小。因此,现在运营商的运营重点都是直流快充网。由于技术的发展,直流设备的功率越来越大,这也会使得运营商的运营效率越来越高。

4.4.4 用户类型和特点

充电运营商的客户主要分为两种类型:一是 B 端的大客户,包括公交公司、车辆运营商、物流公司等;二是 C 端小客户,包括普通电动车主、出租司机、网约车司机等。B 端客户对于充电的需求是稳定的,计划性较强,跟 B 端客户的合作基本能够保证每天的保底充电量。C 端的充电需求则是零散的,他们不会固定在某一场站或者某一品牌的充电桩,一般来说,C 端客户大部分拥有自己的慢充桩,在白天行驶过程中,只需要 1~2 h 的快充补电即可,因此他们的补电行为是分散随机的。

表 4－12　充电运营商的用户情况

	内容	特点
B 端大客户	公交公司、车辆运营商、物流公司等	高频、稳定、大规模
C 端小客户	普通电动车主、出租司机、网约车司机等	分散随机、客单价低

资料来源：谦鸣咨询

4.4.5　运营模式

1. 运营模式说明

简单地说，现阶段我国基础设施运营模式主要分为运营商主导模式、车企主导模式、其他合作模式。其中，合作模式包含了多种面向不同类型合作伙伴的方式，如与车企、车辆运营商、物流公司的合作运营模式各有不同。针对合作方的个性化需求作出精细化的合作方案。

（1）运营商主导模式

充电基础设施运营商主导模式是指运营商全部负责前期的投资、建设，后期的运营维护，覆盖充电场站全部周期的模式。在这种模式下，运营商能够获得全部的充电收入，包括服务费、其他服务费用、广告费等。

（2）车企主导模式

车企主导模式是指车企为了给客户提供完整的服务，从销售、保险、充电到维修全面覆盖。其目的不是为了盈利收取服务费，而是完善自身服务，提高客户口碑和品牌价值。

（3）其他合作模式

根据合作方的需求，其他合作模式有不同的合作方式。比如，全流量托管模式，合作方提供场地并负责前期所有投入，建设完成后接入运营商的平台运营，运营商同时负责设备维修、广告推广等其他内容，收取一定比例的服务费。充电场站的所有权属于合作方，而运营商只负责场站的运维。合作建站共享模式是指合作方有场地和富余的电容（变压器），运营商负责提供设备，根据各方的投入折算成比例后进行分成。对于运营商来说，这几种模式一方面不需要大量的前期投入或者投入大量减少，减少了对现金流的影响，自己的平台上还增加了一定数量的充电桩，能够引流更多的使用者，有助于获得更大的市场份额，进一步增加平台的活跃人数。缺点则在于，由于需要与合作方分成收入，所以收入也随之减少。除了与企业客户的合作模式，另有与私人车主合作的私人桩共享化模式，私人的充电桩可以在空闲时间接入运营平台，属于共享经济模式。这样可以极大提高充电桩的使用效率，车桩所有者也能获得一定的收入。

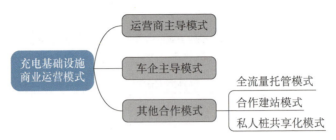

图 4-8　充电基础设施的运营模式

2. 典型公司分析

（1）万帮星星充电

星星充电是万帮德和集团下负责充电设备的研发制造运营的一家企业，进入新能源产业较早。万帮德和旗下共 5 个模块，包括传统汽车销售模块、保险模块、制造板块、充电设备运营板块和新能源汽车流通板块。在充电板块中，一共成立了 65 家公司，在 170 个城市都有办事处。销售模块共有专门销售新能源汽车的 4S 店共 6 家，分布在北上广深 4 个城市，2018 年一共销售了 2 万台新能源汽车，主要品牌包括北汽、广汽、吉利。研究板块主要负责技术的研究。

在运维上，星星充电拥有自己的智能运维监控平台，包含 5 大系统，能源传输、能源管理、能源交易、智能决策和安全预警系统，是全球领先的能源互联网平台。星星充电在充电场站的安全监控、订单管理、设备维护方面都做到了智能化、精准化，能够有效降低运营成本，提高运营效率。

星星充电存在多种运营模式，包括运营商主导模式和合作模式，以合作模式为主，包括全流量托管和合作建站模式。星星充电也是唯一开放端口给私人桩的企业。例如，与某物流公司的合作，由该物流公司提供场地和电容，一般在物流园区，星星负责充电场站的建设和后期维护，建成后，物流公司向星星充电保证每月有保底的充电量，这也使得星星充电能够从该充电场站获得稳定的服务费和电费收入。

对于物流车的充电情况，星星充电也推出了针对性的产品。例如，30 kW 壁挂式充电机，该产品充电快，对电网要求低，充电成本低，一般一度电几毛钱，体积较小，安装简单。一台微面 40 度电，一个小时能充 80%，能满足跑 100~299 公里的需求。价格一台 1.35 万元，可租可售，产品定价虽高，但客户接受度较高，一台机器能服务两台车。物流场景经常移动，该产品的拆、移、装十分便利。该产品质保时间长，也可以加入星星的运营平台，可租可售，运维平台强，物流客户能在较多地区获得产品方面的帮助。

(2) 浙江万马爱充

万马爱充是浙江万马奔腾新能源集团下负责研发制造运营充电基础设施的企业。集团主要分为万马研究院、爱充平台和新能源投资。万马研究院负责充电桩的硬件研发。爱充平台则负责将线下铺设与线上平台连接起来,专门负责物联网和大数据云平台的搭建。新能源投资旗下共有 17 家子公司,主要分布在一二线城市,负责当地充电站的投资建设运营,并且将场站的信息回馈到公司的爱充平台上。万马爱充的业务范围包括充电桩研发、生产和销售,网络运营平台,充电站投资、建设和运维。

万马主打直流充电设备,产品线基本覆盖全部功率,从 40～60 kW 的基础快充桩到 300 kW 以上的超快充桩,产品能够兼容新、老国标的车型,能够面向尽可能多的车型。在支付方式上,除了常规的刷卡扫码支付,还可以 V 码充电,类似于身份识别。车辆绑定在平台上,即插即充,无需其他操作。主推的 360 kW 多终端充电系统,终端(1～8 台)和枪(1～8 个)的数量可以根据实际应用场景选配,该产品的优势在于投资量小一些,充电时功率柔性自动分配,不像单桩那样固定,满足不同车在不同时间的需求。例如,公交的充电特点是白天大功率补电,晚上不行驶时回到场站小电流慢充,该产品就能很好地满足公交车的充电需求。

万马新能源的运营模式主要是运营商主导模式,资产基本隶属于公司,主要的收入来源是卖电收入。在互联互通上,与合作的平台有收入的分成,但大部分收入还是归自己所有。虽然现阶段还没有能够实现大规模的盈利,但是对于未来公共充电的发展还是持积极态度。另外,还有一部分收入来自设备的销售,通过投标向国家电网等销售自己的设备,但大部分还是自产自用。在市场渗透和合作方面,万马致力于为整个新能源交通体系提供优质服务,包括网约车、公交车、物流企业等,为不同的客户提供解决方案。

4.5 现存主要问题和建议

1. 改善用户体验,完善场站的配套服务

充电基础设施产业既是一个重资产的产业,又是一个带有服务性质的行业。特别是对于 C 端用户来说,体验直接影响了他们下一次充电行为的选择。因此,为了获得更大的市场份额,一方面要加快充电场站在全国的布局,另一方面也要注重运营,给用户最佳的充电体验,以提高用户黏性,逐渐形成高质量的品牌价值，注重口碑效应，做到持续化经营。为改善用户体验，星星充电提出建设一体化的充电场站，这种场站不仅仅提供停车位和充电桩，另有一系列其他服务，包括司机休息区域、用餐区域、休闲娱乐场地等。一体化的场站能够满足车主在等待充电时的各种需求，虽然前期的投入大幅增加，但是能够给予用户相对优质的充电体验。

2. 加强运营商之间的互联互通

充电基础设施运营商的布局是一超多强的状态，但是只靠一家企业无法完成全国的充电运营基础设施的布局，所以需要资源整合。然而，现在市场的现状是，大的充电运营商向小的运营商和第三方地图支付平台开放接口，但是几家实力强劲的运营商之间却没有互联互通，依然是相互竞争的状态。这并不利于整个行业的发展。推动大型运营商之间的互联互通是未来的发展方向。

3. 新技术的替代应用对行业发展具有不确定性

相关产业，包括电池技术和充电技术，都处于逐渐完善进步的状态，并且发展速度很快，某些技术，如无线充电、超高速充电技术和换电模式的发展和应用，会对现存的充电体系造成冲击性的影响。这也使得充电基础设施运营商在优化运营的同时，也要对技术的更新换代保持关注，并且对未来的可能性作出预案。

4. 上下游合作共同推进充电桩设计

目前国内主流的纯电动乘用车的电压平台一般在300～500 V，商用车可以达到700～1 000 V。电压平台是限制充电速度的主要因素，要缩短充电时间，则要加大功率，而大功率可以通过增加电压或者电流实现。要实现大功率快充，对车辆的各方面都提出了更高的要求。例如，对于零部件的绝缘、耐压等级，对整车的防护等级、热管理等安全性能要求更高。对于车企来说，增加电动汽车输入电流的成本较低。如果改变电压平台，那么整个车辆的设计会发生变化，牵一发而动全身，因此现在的趋势是增加电流。现阶段我国的充电设备制造技术能够提供足够高的输出电压，提供更快速充电的技术，但电动汽车的产品却不能承受这样高强度的电压。充电桩的产品线是根据车辆产品的发展来匹配的，充电桩必须满足电动汽车的电压电流需求。因此，充电设备的发展较为被动，需要车企和充电设备制造商共同努力。

第五章
投融资分析

2019年,新能源汽车行业的政策标准体系进一步完善,新一轮指导性政策逐步落地,包括新能源汽车补贴政策、新能源公交车补贴政策,氢能首次写进《政府工作报告》,资本在新能源行业的布局更加多元化。整个行业的优胜劣汰过程将促进行业的进一步发展。根据万得及相关上市企业首次公开发行股票招股说明书及定期报告,2006年8月至2019年8月,新能源汽车行业发生至少189起投资,涉及111家标的企业和257家投资机构。本章以上述189起投资事件为基础,着重分析2018年至2019年8月期间新能源汽车行业的投资情况。此部分研究内容仅包括资本对新能源汽车行业企业的投资,不包括企业对自身项目扩建的投资以及对生产基地建设的投资。

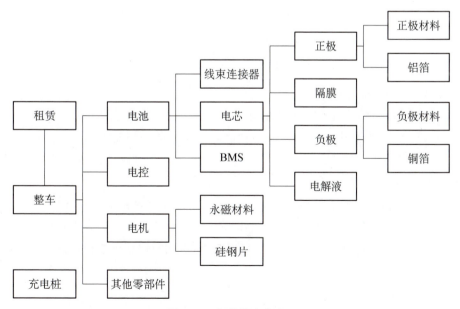

图 5-1 新能源汽车产业

5.1 投资标的

5.1.1 2018年,企业融资频率创2006年以来新高,整车行业备受青睐

2006~2019年8月,111家新能源汽车企业共融资189次,其中,2018年融资频率最高,共有45次。

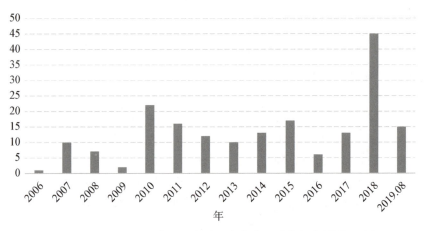

图5-2 2006~2019年8月新能源汽车企业融资频率(单位:次)

数据来源:WIND

2007年,新能源汽车进入产业化起步阶段,受电池需求的大幅增加,锂、镍、钴等电池正极材料生产企业更易获得融资,该细分行业成功融资企业在整个新能源汽车行业占比高达50%。

2010年,国家提出加快战略性新兴产业发展、组织开展示范推广试点和新能源汽车补贴试点,电池的性能成为新能源汽车行业关注的重点。得益于电池研发的旺盛需求,电池行业的融资企业占比达50%,且当年成功融资的企业均为三电及相关材料生产企业。

国内新能源汽车行业政策标准体系逐步完善和财政补贴缩减,促进了行业对电池性能的不断升级以及对整车的改良。受此影响,市场对新能源汽车的接受程度也不断提高,新能源汽车的销量不断增长,同时也促进了租赁行业和充电桩行业的发展。2018年,整车行业获得融资的企业占整个新能源汽车行业的58%,加之配套的租赁行业和充电桩行业,合计占83%。

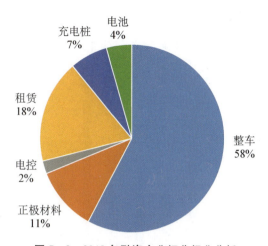

图 5-3 2018 年融资企业细分行业分析

数据来源：WIND

2019 年 1~8 月，整车行业仍是融资频率最高的细分行业，占整个新能源汽车行业的 60%。2019 年，氢能首次写进了《政府工作报告》，要求"推动充电、加氢等设施建设"，当期电池行业获得融资的企业均为研发氢能的企业，占整个新能源汽车行业的 27%。

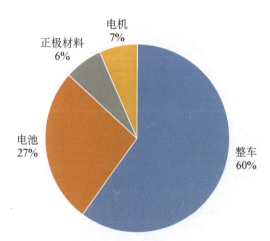

图 5-4 2019 年 1~8 月融资企业细分行业分析

数据来源：WIND

5.1.2 2018 年，早期阶段融资较少，初创企业融资较难，整车行业的中后期阶段融资频率最高

自 2015 年起，新能源汽车行业天使轮、Pre-A 轮和 A 轮等早期阶段的融资

事件占总体的比重已经不再处于较高水平，2018年的比重更是达到近年来的最低水平，仅为31%。由此可见，新能源汽车行业的各个细分行业逐渐形成一定程度的行业壁垒，初创企业获得资本支持的难度有所上升。

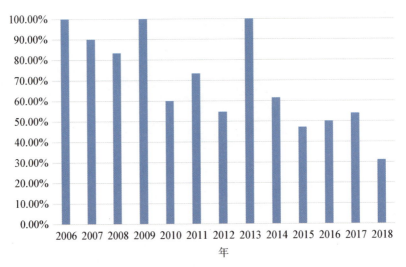

图5-5　2006～2018年早期阶段（Angel、Pre-A、A）融资比重

数据来源：WIND

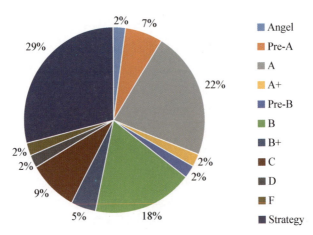

图5-6　2018年新能源汽车企业融资阶段分析

数据来源：WIND

2018年，中后期（即C轮及以后的轮次）的融资事件较多，占总体的42%，集中发生在正极材料、电池、整车和租赁4个细分行业中，其中整车行业中后期阶段的融资事件最多，占所有中后期阶段融资的68%。三电及相关材料行业的发

展提升了新能源汽车的性能,也提高了消费者对新能源汽车的接受度。各地政府对新能源汽车的推广政策和对传统汽车的限制,不断刺激市场对新能源汽车的需求。受上述因素影响,资本纷纷加码整车行业。

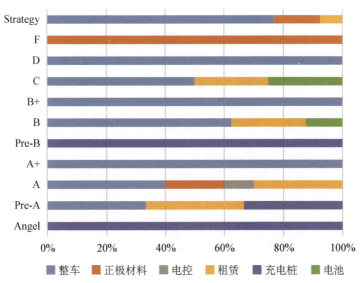

图 5-7　2018 年新能源汽车细分行业融资阶段分析

数据来源:WIND

2019 年 1~8 月,新能源汽车企业融资频率最高的阶段仍为战略投资阶段,比重较 2018 年有所提升,为 54%。同期,整车行业仍为中后期阶段(即 C 轮及以后的轮次)融资频率最高的细分行业,占所有中后期阶段融资的 67%。

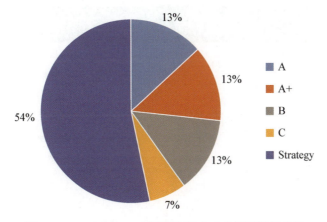

图 5-8　2019 年 1~8 月新能源汽车企业融资阶段分析

数据来源:WIND

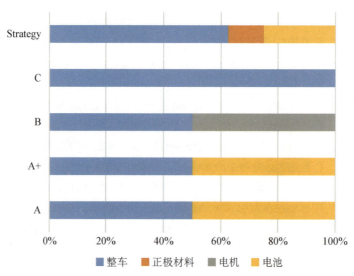

图 5-9 2019 年 1~8 月新能源汽车细分行业融资阶段分析

数据来源：WIND

5.1.3 2006~2019 年 8 月，受资本追捧的企业主要分布在整车、租赁、电池、电控和正极材料 5 个细分行业中

2006~2019 年 8 月，融资超过 3 次的明星企业共有 7 家，其中华友钴业完成了 6 轮融资。在一年中连续融资 3 次及以上的企业有 5 家，分别是华友钴业、北汽新能源、斑马快跑、大郡动力和上海卡耐。这些受到资本追捧的企业分布在整车、租赁、电池、电控和正极材料 5 个细分行业中。

表 5-1 2006~2019 年 8 月融资分析

融资企业	行业	地域	披露日期	融资轮次	投资机构	投资金额（万元）
华友钴业	正极材料	嘉兴市	2011/1/12	F	金石投资	4 998.00
					海富投资	578.00
			2010/11/28	E	湘投高创投	14 440.00
			2010/5/10	D	浙江科投	4 151.50
			2008/8/18	C	金桥创投	780.00
					海富投资	9 750.00
					达晨财信	520.00
					达晨创投	780.00
					浙江科投	195.00
					上实投资（上海）	487.50

续表

融资企业	行业	地域	披露日期	融资轮次	投资机构	投资金额（万元）
			2007/9/26	B	达晨财信	2 725.00
					达晨创投	1 475.00
					海富投资	4 800.00
			2007/9/16	A	上实投资（上海）	3 000.00
					金桥创投	4 000.00
					浙江科投	2 000.00
北汽新能源	整车	北京市	2018/3/9	Strategy	戴姆勒	63 400.00
			2017/9/8	B	金星投资	32 330.00
					泛海投资	53 000.00
			2017/7/21	B	天津中冀普银投资	53 000.00
					裕润立达股权投资	3 895.50
					北汽投资	162 498.00
					泛海投资	63 600.00
					中平国玛资管	53 000.00
					信达汉石投资	196 100.00
					弘卓资本	106 000.00
					其他机构	473 706.50
			2016/8/15	A	北京工投	150 000.00
					首钢基金	150 000.00
			2016/3/17	A	北汽投资	53 248.00
					泛海投资	12 800.00
					京西创投	3 840.00
					清控荷塘投资	3 072.00
					忠诚恒兴	1 536.00
					裕润立达股权投资	6 144.00

续表

融资企业	行业	地域	披露日期	融资轮次	投资机构	投资金额（万元）
时空汽车	整车、租赁	杭州市	2018/8/13	Strategy	滴滴出行	—
			2018/2/2	C	IDG资本	100 000.00
			2015/10/1	B	天堂硅谷资产	40 000.00
					华映资本	40 000.00
			2014/10/13	A	天使投资人	7 200.00
			2013/10/21	Angel	青域资产	2 500.00
					鼎聚投资	2 500.00
氢璞创能	电池（氢能）	北京市	2019/3/12	Strategy	嵩山资本	—
					浙商创投	—
					方德信基金	—
			2018/4/18	C	星睿诚投资	—
			2016/6/27	B	雄韬股份	—
			2014/5/28	A	中海投资	—
					熔科投资	—
			2010/11/19	Angel	—	—
斑马快跑	租赁	武汉市	2017/4/21	C	海澜投资	32 500.00
					焦作多氟多新能源	32 500.00
			2016/8/1	B	博嘉创投	15 000.00
			2015/11/4	A	复星锐正资本	10 000.00
					永惠投资	
					星浩资本	
			2015/7/29	Pre-A	华登国际	3 500.00
大郡动力	电控	上海市	2014/6/30	D	诚毅投资	1 993.20
			2011/11/4	C	诚毅投资	2 000.00
					德丰杰	5 000.00
					慧创投资	1 000.00
					高正创投	2 000.00
			2011/7/21	B	上海济业投资	1 000.00
			2011/3/11	A	上海济业投资	3 000.00

续表

融资企业	行业	地域	披露日期	融资轮次	投资机构	投资金额（万元）
科达利	电池	深圳市	2014/3/25	D	深圳同创伟业投资	2 970.00
					安徽创投	990.00
					远致富海投资	1 980.00
					明石投资	1 980.00
			2012/4/20	C	和君咨询	3 608.25
			2010/9/16	B	大业盛德投资	960.00
			2010/8/15	A	平安财智	1 215.79
					宸钜投资	3 300.00

注：—表示投资方未透露或者投资金额未透露。
数据来源：WIND

5.2 投资机构

5.2.1 2018～2019年8月，整车行业和租赁行业企业获得同一投资机构的多轮投资

2018～2019年8月，参与新能源汽车行业投资的投资机构中仅有4家投资超过1次，分别为百度、复鼎投资管理、险峰长青和君联资本。2018～2019年8月，百度对威马汽车进行了两轮投资；复鼎投资管理对爱驰汽车进行了两轮投资；险峰长青和君联资本均对立刻出行进行了两轮投资。其中，威马汽车和爱驰汽车均为整车行业企业，立刻出行为租赁行业企业。

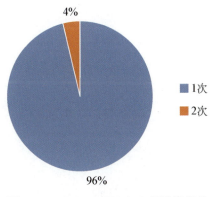

图5-10 2018～2019年8月投资机构投资次数占比

数据来源：WIND

5.2.2 2006～2019年8月，投资最为活跃的机构仍为深创投和海富投资

新能源汽车行业中投资3次及以上的投资机构共有5家，其中深创投布局

4 个细分行业的 6 个标的,而泛海投资、南通国泰创投、浙江科投各自跟投 1 个标的 3 次。

表 5-2 2006~2009 年 8 月新能源汽车行业投资分析

投资机构	融资企业	行业	融资轮次	披露日期	投资金额（万元）	地域
深创投	金冠电气	充电桩	A	2013/4/1	3 745	长春市
	科隆新能源	电池	A	2013/1/27	3 915	新乡市
	凯中精密	电机	A	2011/10/10	3 500	深圳市
	星城石墨	负极材料	A	2011/9/30	1 000	长沙市
	凯中电机	电机	A	2011/7/1	3 500	深圳市
	华博电机	电机	A	2011/5/1	—	武汉市
海富投资	华友钴业	正极材料	F	2011/1/12	578	嘉兴市
	华友钴业	正极材料	C	2008/8/18	9 750	嘉兴市
	华友钴业	正极材料	B	2007/9/26	4 800	嘉兴市
	伊戈尔	电机	A	2007/7/26	5 000	佛山市
	赣锋锂业	材料	A	2007/6/18	2 000	新余市
泛海投资	北汽新能源	整车	B	2017/9/8	53 000	北京市
	北汽新能源	整车	B	2017/7/21	63 600	北京市
	北汽新能源	整车	A	2016/3/17	12 800	北京市
南通国泰创投	国理锂材	材料	C	2014/3/24	1 244.42	阿坝藏族羌族自治州
	国理锂材	材料	B	2011/2/20	1 915.2	阿坝藏族羌族自治州
	国理锂材	材料	A	2011/1/25	1 094.4	阿坝藏族羌族自治州
达晨创投	鹏辉能源	电池	A	2010/6/1	4 000	广州市
	华友钴业	正极材料	C	2008/8/18	780	嘉兴市
	华友钴业	正极材料	B	2007/9/26	1 475	嘉兴市
浙江科投	华友钴业	正极材料	D	2010/5/10	4 151.5	嘉兴市
	华友钴业	正极材料	C	2008/8/18	195	嘉兴市
	华友钴业	正极材料	A	2007/9/16	2 000	嘉兴市

续表

投资机构	融资企业	行业	融资轮次	披露日期	投资金额（万元）	地域
达晨财信	华友钴业	正极材料	C	2008/8/18	520	嘉兴市
	华友钴业	正极材料	B	2007/9/26	2 725	嘉兴市
	亿纬锂能	电池	A	2007/9/3	500	惠州市

数据来源：WIND

5.2.3　2006～2019 年 8 月，28％的投资机构成功退出，退出方式主要为 M&A 和股权转让

以不再持有投资标的股份、限售流通股、流通股为标准来划分投资机构是否成功退出投资项目。2006～2019 年 8 月，共有 28％的投资机构在参与新能源汽车行业的投资后成功退出。主要以 M&A 和股权转让的方式退出项目，此退出方式占比高达 78％，剩余机构以 IPO 的方式退出项目。

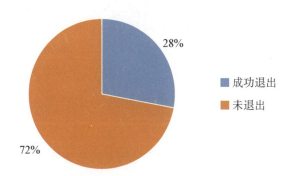

图 5-11　2006～2019 年 8 月新能源汽车行业投资机构退出情况

数据来源：WIND

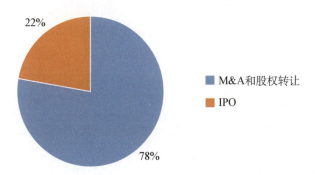

图 5-12　2006～2019 年 8 月新能源汽车行业投资机构成功退出的方式

数据来源：WIND

5.2.4　2006～2019年8月,过半的成功项目发生在电池及其相关材料的细分行业中

2006～2019年8月,成功退出的投资项目中,正极材料行业的项目最多,占比达到22%。比重前5名的细分行业分别为正极材料(占22%)、电池(占17%)、电控(占16%)、整车(占14%)和电机(占9%)。作为新能源汽车的核心竞争力,电池及相关材料的投融资起步较早,相关细分行业里成功退出的投资项目占整个新能源汽车行业的比重高达54%。充电桩和租赁两个细分行业作为整车的配套服务行业,投资起步较晚,目前还没有成功退出的项目。

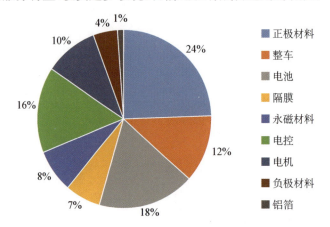

图5-13　2006～2019年8月成功退出的投资项目细分行业分析

数据来源:WIND

5.2.5　2006～2019年8月,电池细分行业的投资回报率最高,达3.09倍;负极材料细分行业的单位时间投资回报率最高,为1.3倍

从行业平均投资回报倍数来看,电池行业的投资回报最高,高达3.09倍,其次,投资回报在2倍以上的细分行业有负极材料、铝箔和正极材料。从项目周期来看,隔膜行业投资项目周期最短,为0.5年,其次是整车和负极材料,二者均在2年及以下。综合来看,负极材料行业单位时间内的回报倍数最高,其次是隔膜和电池两个行业。

表5-3　2006～2019年8月新能源汽车细分行业投资回报和投资周期情况

行业	整车	电池	电控	电机	正极材料	铝箔	隔膜	负极材料	永磁材料
平均回报倍数	0.58	3.09	0.84	0.75	2.25	2.35	0.49	2.60	0.58
平均投资周期(年)	1.76	3.06	2.93	2.61	3.72	3.75	0.50	2.00	2.89
年平均回报倍数	0.33	1.01	0.29	0.29	0.61	0.63	0.98	1.30	0.20

数据来源:WIND

5.3 2019年投资热点

1. 氢能

氢能是最具发展潜力的清洁能源之一,我国很早就已经将氢能纳入国家能源战略中。2006年,我国就将氢能及燃料电池技术写入《国家中长期科学和技术发展规划纲要(2006~2020年)》中。但是,直至2014年,氢能及燃料电池技术仍属于推广阶段,尚未出台补贴以及制定计划。2014年,《能源发展战略行动(2014~2020年)》正式发布,我国正式将"氢能与燃料电池"作为能源科技创新战略方向。2015~2018年,氢能与燃料电池行业进入稳步发展期,《"十三五"国家战略性新兴产业发展规划》《"十三五"国家科技创新规划》《能源技术革命创新行动计划(2016~2030年)》《节能与新能源汽车产业发展规划(2012~2020年)》《中国制造2025》等国家级规划都明确了氢能与燃料电池行业的战略性地位,将其列为重点支持领域;《加氢站与加油站、加气站的合建技术规范》《加氢站安全技术规范》等行业规范性文件推动了氢能与燃料电池行业的规范发展。2019年,《政府工作报告》中提到"稳定汽车消费,继续执行新能源汽车购置优惠政策,推动充电、加氢等设施建设",这是氢能首次写入《政府工作报告》;4月发布的《关于进一步完善新能源汽车推广应用财政补贴政策的通知》表示,过渡期后不再对新能源汽车(新能源公交车和燃料电池汽车除外)给予购置补贴,转而支持充电(加氢)基础设施"短板"建设和配套运营服务等方面。2019年,氢能与燃料电池获得更多的政策支持,也吸引了资本的注意,当期电池行业获得融资的企业占整个新能源汽车行业的27%,全部为氢能领域的企业。

根据WIND的氢能指数[①]与沪深300指数的走势对比[②],在2019年1~8月期间的绝大多数时间,氢能指数的涨幅都是高于沪深300指数的。尤其在2019年4月份,财政补贴政策中对加氢基础设施建设的重点描述更是带来了氢能指数与沪深300指数2019年以来的最大差值。这表明,氢能概念在2019年受到广大股票投资者的关注。

---

① 氢能指数(指数代码:8841063. WI)是WIND于2018年3月22日发布的以2017年3月22日为基准日的等权重加权指数。该指数的成分股共30只,主要包含氢能产业相关的制氢及储氢设备、材料、氢燃料电池研发制造等相关公司。
② 由于氢能指数和沪深300指数价值不同,二者的绝对数值不具有可比性,因此二者的走势对比是以2019年1月2日(2019年的第1个交易日)为基准值的涨幅对比。

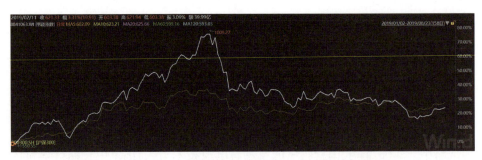

图 5-14　2019 年 1~8 月氢能指数与沪深 300 指数走势对比分析

数据来源：WIND

2. 充电桩

充电桩是新能源汽车重要的配套基础设施，但与整个新能源汽车产业的发展相比，我国充电桩产业的发展却相对滞后。2015 年，国家发展改革委、国家能源局、工业和信息化部和住房城乡建设部联合印发了《电动汽车充电基础设施发展指南（2015~2020 年）》，明确了充电设施发展的基本规划和未来发展方向，充电桩产业自此步入了快速发展的道路。2016 年，《关于"十三五"新能源汽车充电基础设施奖励政策及加强新能源汽车推广应用的通知》《2016 年能源工作指导意见》《关于开展电动汽车充电基础设施安全专项检查的通知》和《关于加快居民区电动汽车充电基础设施建设的通知》相继发布，促进充电基础设施建设的快速、安全发展，以匹配我国新能源汽车产业的快速发展。2018 年，国家发改委、国家能源局、工信部和财政部联合印发了"关于《提升新能源汽车充电保障能力行动计划》的通知"，对充电技术、充电设施质量、充电标准体系、充电设施布局、充电运营服务等方面提出了更高的要求。2019 年，《政府工作报告》和《关于进一步完善新能源汽车推广应用财政补贴政策的通知》不仅鼓励了氢能产业的发展，也表现了对充电基础设施建设的大力支持。2019 年，充电桩行业获得融资的企业占整个新能源汽车行业的 7%，为 2006 年以来的最高比重。

根据 WIND 的氢能指数与沪深 300 指数的走势对比，在 2015 年一整年里，充电桩指数[①]的涨幅都是领先于沪深 300 指数的[②]，发展指南的发布使得市场对

---

① 充电桩指数（指数代码：884114.WI）是 WIND 于 2013 年 12 月 31 日发布的以 2009 年 12 月 31 日为基准日的等权重加权指数。该指数的成分股共 36 只，主要包含充电桩及相关配套设备研发及生产、充电运营等领域的相关公司。

② 由于充电桩指数和沪深 300 指数价值不同，二者的绝对数值不具有可比性，因此二者的走势对比是以 2015 年 1 月 5 日（2015 年的第 1 个交易日）和 2019 年 1 月 2 日（2019 年的第 1 个交易日）为基准值的涨幅对比。

充电桩行业的未来发展充满期待;2019年1~8月,市场的焦点主要集中在第一次正式出现在大众视野的"加氢",政府工作报告和财政补贴政策对充电桩行业的支持则被氢能的光芒所掩盖,充电桩指数仅在1月、3月和4月的涨幅高于沪深300指数的。

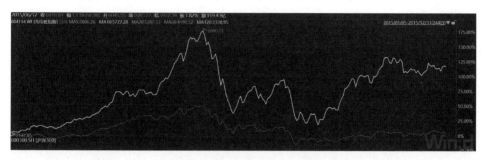

图 5‑15　2015 年充电桩指数与沪深 300 指数走势对比分析

数据来源:WIND

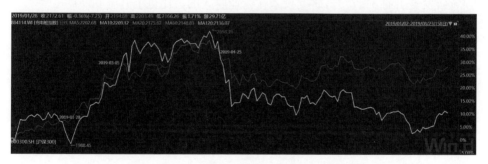

图 5‑16　2019 年 1~8 月充电桩指数与沪深 300 指数走势对比分析

数据来源:WIND

3. 科创板

科创板由国家主席习总书记于 2018 年 11 月 5 日,在首届中国国际进口博览会开幕式上宣布设立,是独立于现有主板市场的新设板块,并实施注册制,旨在提升服务科技创新企业能力、增强市场包容性、强化市场功能。2019 年 6 月 13 日,科创板正式开板;2019 年 7 月 22 日,科创板首批公司上市。

科创板的设立不仅为众多科创企业提供着落点,也为投资机构提供新机遇,新能源汽车行业中的企业也借此获得新的发展机遇。截至 2019 年 8 月,共有 7 家新能源汽车行业的企业申报科创板,占科创板申报企业总数的 4.61%,其中正极材料行业的企业 2 家,负极材料行业的企业 1 家,电池行业的企业 3 家,电机行业的企业 1 家。目前,上述 7 家企业中共有 4 家已经上市,占科创板上市企业的13.79%,上市成功率达57.14%,并且剩余3家中的2家已经报送证监会,尚未出现终止审核的情况,由此可见监管机构对新能源汽车企业的认可程度。

5.4 国内传统车企的新能源汽车研发投入情况

2018年,我国汽车销量为2 808.1万辆汽车,其中新能源汽车销量为125.6万辆,占比为4.47%;2019年上半年,我国销售1 232.3万辆汽车,其中新能源汽车61.7万辆车,占比为5.01%。随着新能源汽车的市场需求不断增长,传统车企也不断加大在新能源汽车领域的研发投入。根据我国上市传统车企的公开数据统计,2018年,企业对新能源汽车领域研发的平均投入为2.96亿元,新能源汽车领域研发投入占企业营业收入的平均比重为0.73%;2019年上半年,企业平均投入2.42亿元在新能源汽车领域的研发中,为2018年全年新能源汽车领域研发支出的81.77%,研发投入在营业收入的占比也上升至0.90%。

第六章
形势、问题、政策建议和趋势

6.1 面临形势

1. 国际竞争态势和政策导向发生重大变化

2019年,国际车企集体转型电动化,中外汽车和出行企业密集结盟。国际上,汽车行业向出行和电动化转型的趋势加速。在中美贸易战的大背景下,宏观政策导向出现重大变化:一是总书记在2018年11月民营企业座谈会上讲到,要推进产业政策由差异化、选择性向普惠化、功能性转变;二是2018年12月中央经济工作会议提出,推动由商品和要素流动型开放向规则等制度型开放转变。

2. 市场整体销售下滑明显,行业信心受挫

在新能源汽车产业发展领导地位争夺战的关键时刻,我国新能源物流车市场出现了较大的转变,市场由前几年的一片乐观转为认为至少有3年困难期,市场信心受挫。数据显示,2018年销量下降,2019年至少轻卡和凌特车型销量会继续下滑。分析原因:一是车价上升,客户购买意愿下降,新车卖不动;二是2017年轻卡上牌5.5万台,现在受补贴的驱动,以超低价在市场上出租,造成2019年新车销售更加困难。大进大退,说明市场还不成熟,从消费环境到补贴政策频繁变化,导致用户基于政策去买产品,主机厂基于政策去开发产品。在后补贴时代,这种市场波动有望减小,但因为动力电池等成本的下降速度与用户期望仍有较大差距,用户主动选择新能源产品的意愿并不强烈。

3. 车企经营困难,部分头部企业陷入危机,新技术应用面世

微面龙头陕汽通家现处于停产转态,轻卡龙头东风特汽经营困难,电池企业沃特玛、北京国能深陷债务危机。大型车企更关注产品质量,但因供应商体系不完善导致成本高,同时补贴垫资规模巨大,财务压力巨大。小型车企成本低,但产品质量也差。例如,产品的刹车性能不佳是常见问题,背后是国内压缩机与真空泵供应商体系未发展起来,进一步原因又和供应商厂家订单量无法支撑产品改进有关。

新技术应用出现,东风插混,吉利、福田和四川现代增程式汽车面世。

4. 运营商行业优胜劣汰大批运营商退出租赁市场,向经销化定制化服务化转型

以经营性租赁为主的运营商,大量持有车辆资产,规模越大资产越重。由于车辆产品质量问题多发,产品更新换代快,导致资产质量不高,盈利模式难以建立。随着财政补贴的退出,行业竞争加剧,大批运营商退出租赁市场,向经销化、定制化、服务化转型。运营商的核心能力逐渐聚焦在两方面:一是帮助客户选车和定制,实现全生命周期成本最优化,提升用车体验,解决客户选车难问题;二是将运维保障、汽车养护、应急救援、安全管理打包为一体化增值服务,解决客户用车难、修车难问题。地上铁租车已经建立了市场领先地位,拥有规模优势和先发优势,利用行业领先的数字化运营管理能力、优质的产品供给、健全的的运营体系、完善的配套设施和专业的集约运营,成为一站式的新能源物流车租售以及运营服务商。捷泰新能源汽车,拥有较强客户资源和经销网络,向定制化和服务化转型:一方面利用客户需求的深度挖掘能力,和车企深度合作定制开发产品,压缩成本,提高产品市场竞争力;另一方面为客户提供改装和售后等增值服务,提升客户用车体验,转型为客户提供定制化的新能源车辆及其综合配套服务的整体解决方案供应商。北京中诚新能源,依托自身具备的制造、销售、运维、充换电、车后服务能力,转型为快递业运力服务提供商。西安马帮城配,依托对快消业的深入理解,转型城配运力服务商。杭州华速新能源,凭借自身在通达系加盟商的客户资源优势和全天候服务保障能力,为中小型物流客户提供选车+销售+增值服务的一体化解决方案。

销售渠道方面,大型运营商渠道开始萎缩,中小型运营商从租赁转型经销,传统渠道有发力的迹象。

5. 补贴退坡幅度明显超过电池成本降幅,产业发展动能减弱

补贴退坡幅度明显超过电池成本下降幅度。2018年物流车国补平均750元/度,2019年为350元/度。2018年地补375元/度,2019年地补取消。2019年相对2018年补贴下降725元/度,同期电池价格从1200元/度下降到950元/度,降幅仅为250元/度。吉利远程轻卡(82度电),2018年卖13.7万元,2019年卖17万元,车价上涨,单车利润还下降了。而东风、福田和江铃都反映亏损。

动力电池方面,主流产品倾向选用磷酸铁锂电池,因其便宜、安全、使用寿命

长。目前市场供需失衡,一方面宁德时代、天津力神这些企业供不应求,电池价格居高不下,车企反映自身议价能力很弱。另一方面,中小型电池厂质量差,且供货不稳定。长此以往,整个产业生命力和活力会下降。

调研发现,在补贴退坡大趋势下,差异化路权政策是推动新能源物流车应用的最有效手段。除个别城市外,各地的差异化路权政策出台和执行不力,造成产业发展动能减弱。

6. 车价上升,用户更专注成本和服务保障

调研发现,快递业的单票收入逐年下降,导致快递企业更加关注成本,与车价上涨、租金上涨形成尖锐矛盾。当前,用户普遍反映车辆质量不稳定,达不到使用要求,售后服务难以保障,零配件成本高。车价上升、产品质量和售后服务问题已成为进一步推广的主要障碍。

6.2 存在问题

1. 政策变化太频繁,影响车企可预期经营

在政策中,电池技术标准变化太频繁。一是导致政策性产销波动,严重干扰车企生产运营稳定性,连带整个产业供应链体系波动加大,对企业正常经营带来负面影响;调研发现,每年年底或者次年3月份发布新的补贴标准,企业研发周期6个月,可销售期仅剩3~6个月,导致产品可销售期短。二是企业产品开发周期不足,导致整车性能、功能、零部件产品验证不充分,产品质量难以保证。三是供应商开发节奏未能完全与政策升级相匹配,企业供应商体系频繁调整;满足政策指标的零部件未形成规模,市场保有量低,零部件成本偏高。四是产品不能持续满足政策要求,产品生命周期短,企业难以收回开发投入,导致企业不愿投入研发;企业今年研发出来一款车,明年就变了;假设某车企一年推出25款车,改进费用每款500万,一年研发费用就一个多亿。五是产品频繁迭代升级,影响早期产品的售后服务,备件成本高、周期长,影响客户的使用体验。

2. 不能及时了解和获取地方政府相关政策

相关单位不能及时了解相关政策,政策限制又太多,企业执行和申报难度大,且有增强的趋势。某车企反映:"我们要专门组织一个国补申报团队,市、省、国家3级都要申报,2019年申报1 000多台车,光资料就要3卡车运过去!"

3. 排放法规滞后于技术进步

排放法规滞后,跟不上市场的技术进步。增程式汽车排放法规是国四,之前

制定政策时认为重型货车不可能使用汽油机,现在增程式汽车出现了,法规更新没有及时跟上,导致各地方上牌都要车企和车管所公关。

4. 新能源物流车占有率和渗透率低

虽然新能源物流车近年高速增长,但总体而言,占整个物流车的比重仍然极小,2018 年新能源物流车占比不足 5%,有极大的提升空间。

截至 2018 年,新能源物流车保有量约 36 万台,在保有量中渗透率(在市场容量中所占的比率)仅为 1.6%。

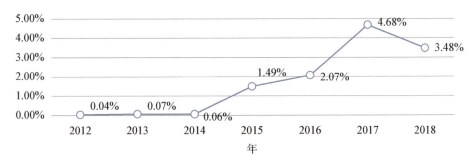

图 6-1 新能源物流车渗透率

数据来源:上牌保险数、谦鸣咨询分析

5. 价格依然过高,客户购买意愿下降

虽然三电系统价格快速下滑,新能源物流车整车价格也迅速下滑,但是在没有国补和地补的情况下,整车购置价格仍然远高于传统物流车,客户购买意愿下降。

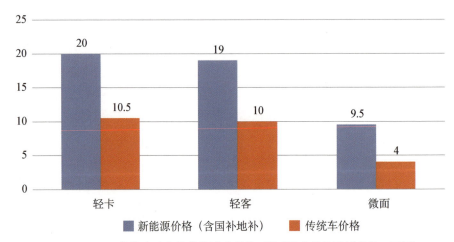

图 6-2 2019 年纯电动和传统物流车价格对比(不考虑补贴)(单位:万元)

数据来源:谦鸣咨询(轻卡按 83 kWh,轻客按欧系 74 kWh,微面按 37 kWh 计算)

现有产品购置成本高于燃油车。随着补贴的退出,车价上升,客户购买意愿下降,顺丰、京东等企业都表示近年不会购买新能源物流车。多数城市的差异化路权政策跟进的速度和力度不足,导致产业发展动能不足,形成补贴退坡与政府路权等接续政策力度不足之间的矛盾。

6. 质量问题仍然突出

车辆品质不稳定,性能受极端天气影响大,不利于高效运营。一是电池方面问题很多。在一般情况下,电池电量达到35%以下,动力性能就会受到影响,甚至会启动不了,影响正常运输作业。调研发现,车辆基本上跑130 km就动力不足了。因此,电量到40%就要找充电桩充电,导致员工工作时间长。而且,电池电量季节变化明显,冬季比夏季衰减更显著。电池参数不准确,行驶里程难预测,不利于司机安排运输计划。二是刹车制动距离长,踏板操作舒适度低。三是市场终端用户抱怨车轴断裂、车厢漏水等现象。

分析原因有三个。一是新能源物流车制造商以非主流企业居多。2018年有149家企业生产销售新能源物流车,但是销量过万辆的企业仅有2家。其中,东风以绝对的优势领跑其他企业,占据了新能源物流车领域的龙头地位。二是新能源汽车市场尚未成熟,政策波动较大,而新能源产品开发周期长,验证流程复杂,不宜频繁迭代升级,所以在传统车领域,物流车销量较高的部分龙头企业(如福田、江淮、江铃等)目前对新能源物流车市场采取谨慎态度。随着市场逐步稳定,传统车企在后补贴时代将会集中发力,抢占市场。三是有许多企业借助地方补贴等地方保护政策,采用短平快的方法,不经严格的验证,快速向市场推出产品,产品质量较差,出现问题后,售后服务也薄弱,不能及时解决问题,造成了负面影响。

随着地方补贴的取消和主流企业的逐步进入,预计未来新能源物流车产品品质将得到明显提升。

7. 车辆设计和实际场景作业要求有差距

车辆设计方面有两个问题。一是某些车型的车辆容积性价比不高。例如,微面$2 m^3$多的车和接近$4 m^3$的车,价格没有太大的区别,用户更倾向选用容积大的车。二是车门开关便利性、刹车距离和踏板操控舒适度,后视镜视角,空调效果等都与实际作业要求有差距。

8. 适配的充电基础设施明显不够,实际充电经济性不明显

适合新能源物流车使用的充电基础设施明显不够,造成充电难,充电慢,实际充电经济性不明显。

(1) 适配的公用充电桩少,新能源物流车充电较乘用车更为不便

物流车带电量大,为提高动力电池效率,一般采用 500 V 以上的高压系统。现在社会充电桩 500 V 居多,750 V 很少,新能源物流车充电较乘用车更为不便利。公共充电桩可用性差,充电效率低。很多公共充电桩的功率不够,新能源车充电时间变长,不能满足快充需求。还有一些公共充电桩的车位被燃油车抢占,无法顺利充电。甚至有些充电枪与充电口不匹配,无法满足充电要求。充电要 1~2 h,员工要盯着充电。

(2) 单次充电时间长,排队时间长

主流的纯电动物流车慢充时间普遍在 8~12 h,快充时间 2 h;客户一般在晚上充满电,但是由于续航里程不够,很多客户必须在白天补电一次,一般充电 0.5 h 以上,加上排队等待时间,通常超过 1 h。

表 6-1 充电/加油时间对比

	传统车	纯电动	增程式/插混	氢燃料电池
充电/加油频次	1次/4天	2次/天	2次/天	1次/天
单次时间(min)	10	90(平均)	20	10
每天充电/加油时间(min)	忽略不计	180	40	10

数据来源:谦鸣咨询调研

(3) 公共充电桩充电电价和服务费整体费用过高,充电经济性较差。

公共充电桩价格较高,经济性不明显。根据深圳新能源推广办公室的统计,约有 50% 的客户在白天充电,目前各城市公共充电桩白天的电价普遍在 1.4~2 元之间。纯电轻卡每公里的电费要 0.56~0.8 元,而传统汽车每公里油费大约 0.8 元,节省并不明显。在北京,充电电费和服务费高于 1.3 元每度电就没有优势,而公共充电桩是 1.5 元每度电。上午 10 点到下午 3 点属于峰值充电,电费 1.7 元每度电不划算。正常三餐期间属于充电高峰,充电不划算,需另外安排时间充电。谷值在晚上,需要晚上 11 点专人负责充电,增加了人工成本。

表 6-2 各城市公共充电桩价格

区域城市		峰时段价格/元	平时段价格/元	谷时段价格/元	其中服务费(元)
西北	西安	1.3~1.6	1.0~1.2	0.7~0.9	0.4
西南	成都	1.4~1.7	1.0~1.2	0.8~1.0	0.5
	昆明	1.5~1.9	1.5~1.9	1.5~1.9	0.5

续表

区域城市		峰时段价格/元	平时段价格/元	谷时段价格/元	其中服务费(元)
华南	广州	1.5~2.1	1.5~2.1	1.5~2.1	0.5
	深圳	1.7~1.8	1.3~1.4	0.8~1.0	0.6
	厦门	0.8~1.8	0.8~1.8	0.8~0.9	0.3~0.6
华东	杭州	1.6	1.6	1.6	0.4
	宁波	1.1~1.6	1.1~1.6	1.1~1.6	0.5
	上海	1.6~2.2	1.1~1.6	0.7~1.4	0.4~0.8
	南京	1.3~1.8	1.3~1.8	1.3~1.8	0.5
华中	合肥	1.5~1.9	1.2~1.7	1.0~1.2	0.5
	郑州	1.6~1.9	1.2~1.7	0.6~1.2	0.6
华北	北京	1.5~2.4	1.4~1.9	1.2~1.4	0.1~0.8
	天津	1.5~2.0	1.1~1.5	1.1~1.3	0.6

数据来源：特来电、星星充电、国家电网

较高的充电电价使得新能源物流车的经济性相比柴油车并不明显。一辆纯电动轻卡在公共充电桩充电，5年总成本(TCO)达到33.82万元，仅仅比传统柴油车低2.16万元，平均每年仅低0.43万元。而纯电动轻卡初期的投资成本却比传统柴油轻卡高了5.67万元。在这种情况下，客户购买纯电动轻卡的意愿很弱。

9. 车辆故障率高，服务保障的及时性与效率无法满足用户需求

车辆实际使用中故障率高于燃油车，但售后维修服务不够，难以保障及时维修。物流车在半路坏掉，司机无法修理，现场救援和换车周期长，物流企业无法按时完成运输服务，甚至带来业务损失。

10. 电池衰减、质量、质保政策、安全性与客户期望差距较大

目前电池衰减问题已经得到明显改善，但是离客户期望值依然有较大差距。一般希望使用3年电池衰减不超过10%，能保证即使衰减也不会对车辆运营产生大的影响。实际使用情况是，主流品牌电池第一年的衰减大约10%，非主流品牌电池第一年衰减明显超过10%。电池寿命和质量也是客户关心的问题，目前电池使用寿命较短，而电池更换成本极高，让许多客户望而却步。关于电池寿命及电池衰减程度，客户、厂家、供应商尚无统一的界定标准及测试规范，衰减程度及寿命是否终结不易界定，相关的电池质保政策难以执行。新能源乘用车起

火事件频发，也引起了物流车用户对新能源物流车安全的关注。虽然起火事件并不多，但应该加强电池及BMS系统安全管理。

6.3 政策建议

1. 启动系统化制度化的制度性升级

新时代背景下，宏观政策导向出现重大变化。一是总书记在2018年11月民营企业座谈会上讲到：要推进产业政策由差异化、选择性向普惠化、功能性转变。二是2018年12月中央经济工作会议提出：推动由商品和要素流动型开放向规则等制度型开放转变。近年来，通信、汽车、能源、环保、城市、卫生、安全等领域的技术、产业、产品，以及公共标准都大幅度提升，中国正在经历一场制度性升级。建议启动对新能源汽车的制度性升级，从3个方面入手。

① 从终端出发审视政策标准法规的优化升级。强制整体提升安全、节能、环保、更高质量等消费福利。

② 制度性升级必须系统而全面。"国六"只是汽车排污标准的升级，但石油燃烧标准、汽车撞击安全标准、新能源汽车售后服务保障标准、新能源电池安全以及环保标准等同等重要。要想促进新能源汽车可持续发展，必须解决电池安全问题，以及电池回收处理、售后服务保障问题，从技术上打消消费者对电池车爆燃的担忧，打消用户对维修难的担忧。要想促进清洁能源汽车发展，必须尽快制订、发布增程式货车、甲醇货车等产品的排放标准，解决排放标准滞后的问题。

③ 将制度性升级制度化，追求稳定、规范的法治手段。政策制定加强可预期性，避免频繁变更。提升地方政策透明度，建议国务院和相关部委协调明确地方政策公开透明化管理办法，从机制上确保各地政策对公众的公开、透明和易获取。探讨建立统一政策发布平台，经各地方政府出台的相关支持政策统一汇集到该平台，既利于使用方查询，又利于国家政策的落实。切实简化政策的获取成本和申报手续，促进地方政策透明化和给企业减负。

2. 从促进物流业降本增效支持经济高质量发展的高度，对新能源物流车的推广应用单独分类，并重点研究

与国际竞争态势的变化和政策导向的重大变化相比，我国对新能源汽车产业的问题和经验总结的重视程度不够，对外部环境和内部政策导向变化对产业的影响认识明显不到位。新能源物流车不同于公交车，公交车的推广是由政府部门主导的，使用单位亏本由国家补贴，而且现在推广应用已经完成过半，潜力

有限。但是,物流业是市场化服务型行业,行业规模巨大,企业用车必须不亏本,不解决这个问题,新能源物流车的推广应用不可能站得住脚。

未来整个新能源汽车产业的发展终究要让市场来决定,与新能源物流车在市场化应用方面的先导作用相比,我国对新能源物流车推广应用的重视程度还很不够,对新能源物流车推广在国家能源安全、节能减排、绿色城配、改善民生中的基础性、战略性、先导性的认识还不到位。

建议对新能源物流车的推广应用单独分类,纳入物流业降本增效支持经济高质量发展的关键考虑因素,与智慧城市建设加强连接,打通车企、基础设施运营商、物流用车企业、行业管理部门间的"信息孤岛",实现物流要素与新能源汽车产业要素的全面连接,打造支撑性的数字基础设施底层平台,促进新能源汽车业与物流业和相关产业的深度融合联动发展,进一步降低经济运行综合成本。推动落实新能源汽车运营补贴政策和基础设施补贴政策的落地。

3. 放宽城市货车通行路权,加大新能源物流车的路权通行差异,强化执行

城市给予货车通行便利是大势所趋,建议政策上推动各地交通主管部门改变观念,认识到在放宽货车通行路权的情况下,$18 m^3$ 的轻卡对 $12 m^3$ 的客厢式货车取代作用非常大,如果不放宽城市货车通行路权,继续限制货车进城,对城市便利通行可能适得其反,因为运载同样数量的货物,需要用更多的运载车辆,交通拥堵程度也大大增加。

在国家大力推动新能源汽车推广应用,以及"蓝天保卫战三年行动计划"政策的要求下,路权是新能源物流车区别于传统燃油车的优势,是推动新能源物流车推广应用的重要因素之一。新能源物流车主要服务于城市配送,满足民生和消费需求。在城市道路通行中给予新能源物流车优先路权,可以很大程度上拉动新能源汽车市场,填补补贴退坡后带来的政策空白,在"后补贴时期"继续有效促进新能源汽车发展。

路权政策是新能源推广应用的关键因素之一,也是各城市逐步实现普通货运车辆"油改电"的重要举措。现阶段国内路权政策较好的城市,如深圳、成都、太原、西安、厦门等,之所以在纯电动物流车规模化应用方面取得了令人瞩目的成效,在很大程度上得益于科学有效的路权政策。路权开放政策如果制定不合理,很可能导致大量纯电动车涌入城市,引发道路资源紧张、交通拥堵严重、车辆监管失控等一系列问题。就城市路权政策制定,有7项建议如下。

① 进一步优化新能源货运配送车辆城区通行管控,除政策过渡期以外,不再新增发放轻微型燃油普通货运车辆城区通行证,重点区域限制燃油车进入,最大程度放宽对新能源货运配送车辆通行时段和路段。

② 路权开放的程度：一方面应考虑当前道路资源承载能力，避免短期内大量车辆涌入主城区行驶；另一方面开放纯电动物流车通行，应和燃油货车限行、黄标车淘汰置换等手段相结合。

③ 最大程度释放道路资源，进一步放开高架桥对轻型货车限行的政策。

④ 对新进入市场享受路权的车龄进行限制。例如，只给2018年2月12日之后生产的车型发放通行标识，避免早期部分政策投机行为生产的车辆扰乱市场。

⑤ 统筹协调加强执法，充分保障路权差异化政策的落实。享受路权的车辆，建议使用类似深圳电子标签或新能源专用车牌识别系统，或者成都熊猫标识车身喷漆的通行标识，用于车辆电子身份或车身识别。同时，交管部门可以随时掌控城区享受路权车辆的数量和相关信息，未取得通行标识的车辆以闯禁令处罚。两种通行标签相比较，深圳电子标签具备车辆通行感应功能（类似ETC），可以通过电子设备确认车辆通行权，但有一定软硬件成本；成都熊猫标识简单喷漆，低成本，需要依靠摄像头和交警现场执法识别车辆通行权。

⑥ 提高智能化管理手段，利用大数据监控平台进行智慧调度管理。现有的新能源货车在取得路权时，均与当地交管部门联网，政府部门应有效地利用联网平台监控到的车辆轨迹、载重等，监控、指挥调度车辆；完善城市的车路协同发展和城市物流车的大数据信息收集。

⑦ 加强进城通行证的管理。货车进城市通行证实行统一的管理，由当地交通委主导，联合行业主管部门、交警部门共同组建管理委员会，定期公开召开联席会议，研究通行证的发放和管理问题，确保真正地把通行证发放给需要的企业。

4. 引导燃油货车逐步替换为新能源物流车

已经有多个城市实施了置换新能源汽车的补贴政策。例如，北京顺义区对符合条件的燃油车主置换新能源汽车给予最高不超过5万元/台的补贴，置换补贴不超过车辆实际终端销售价格的50%。又如，深圳《2018年"深圳蓝"可持续行动计划通知》提出，2018年12月31日前，淘汰2万辆营运类轻型柴油车；2018年12月31日前，推动1万辆非营运类轻型柴油货车置换为纯电动货车。

物流企业和物流运营企业均有更新车辆的需求。比如，京东就计划在未来几年内将车队全部置换为电动车型。政府主管部门如果因势利导，推出置换补贴，能够较快地推进物流车队的电动化，加速新能源物流车的推广。

建议深入地执行"蓝天保卫战""绿色货运示范城市"等政策，逐步扩大高排放燃油车的限行范围，制定营运类轻型燃油车提前淘汰激励政策，提高邮政、快递等各领域新能源车替换比例,减少城市交通大气污染排放,引导、支持城市配送车辆清洁化。

建立鼓励柴油货车置换及淘汰的补贴机制。随着新能源汽车购置补贴的退坡,新能源汽车购置的成本劣势将显现,建议制定柴油车置换新能源货车补贴机制,鼓励企业以置换的方式加速淘汰排放不达标的燃油货车,转为租用或购买新能源物流车。

5. 严厉打击客改货等非法营运

面包、金杯、凌特车型往往是客改货的重灾区,车主私自改变车辆用途、拆除车辆后排座椅、违规运输货物的情况比较普遍。客车内如果装有大量货物,尤其是较重的货物,严重影响车辆制动效果,甚至可能导致刹车失灵、车辆失控。更为严重的是,一旦车辆侧翻,货物会和车内的乘客混杂在一起,不仅会对驾驶人造成更为严重的伤害,还对救援极其不利。

建议交管部门应加大路面检查力度,对存在违规载货等交通违法行为的,坚决予以处罚,切实消除交通安全隐患,确保道路交通安全。

建议引导在国内具有一定规模和影响力的新能源物流车运营商,通过集约化、共享化的创新商业模式,以及专业化、标准化的服务能力,提高车辆的使用频次和效率,真正有效减少路面物流车辆数量,减少尾气排放,缓解交通拥堵。可以很大程度上与客改货、网约车平台进行充分竞争,可以逐步取代个体零散的行业现状,转变为绿色合规的运营生态产业链,便于政府统一规范管理,以及改变客改货、非法营运等行业乱象,同时也为各地绿色、安全、合规的运力市场创造大量工作机会。

6. 出台新能源物流车运营补贴

国家在推动新能源汽车产业发展前期,主要通过国家和地方购置补贴形式扶持,车辆购买上牌即可享受补贴。新能源推广的目的是为了终端使用,通过政策,激发市场需求,最终由市场化方式取代补贴方式。新能源运营商在配合国家新能源推广应用方面发挥着重要作用,尤其是在商用车领域作用更加突出。只有推动新能源物流车高效利用,才能体现新能源物流运营商真正的价值,契合国家新能源推广应用的初衷。目前,深圳、武汉、安阳等城市已相继公布运营补贴政策,另有多个城市正在考虑制定运营补贴政策。

建议针对纯电动物流车出台运营补贴,以车辆运营公里数或充电电量作为补贴发放的依据。通过政府信息化平台采集和核查数据,根据实际运营结果奖励,让真正推动新能源物流车规模化、合规化运营的企业受益。提升新能源物流车用户端的积极性,间接降低终端用户的使用成本。

7. 加强城市二、三轮配送车辆的管理

现阶段快递物流业还存在大量二、三轮车从事货运，这些车辆大部分由于无牌无证、未购买保险、未纳入交管统一管理，且大量行驶在非机动车道，甚至违法驶入机动车道。一旦发生交通事故，不但给受害者及其家属带来痛苦，也给快递物流企业造成较大经济损失，建议通过车联网手段加强管理。

8. 完善配套设施

物流车带电量大，为提高动力电池效率，一般采用 500 V 以上的高压系统。现在社会充电桩 500 V 居多，750 V 很少，新能源物流车充电较乘用车更不便利。同时，公共充电桩充电电价过高，充电经济性较差。

推动配套设施建设市场化，鼓励国家电网、南方电网、城市静态交通企业等国企加强与企业的合作，发挥各自的优势，完善充电设施建设。建议国家鼓励在物流园区实现 10% 的专用高压充电桩，出台给予扩容设备的支持政策，简化充电桩建设审批的流程。建议出台类似出租车行业燃料补贴的方式，给予物流车充电价格补贴 0.5~0.8 元/度电。开放能源电容、开放公用停车场资源。

9. 向全产业链服务能力提升方向发展

现阶段产品质量是新能源汽车发展的问题，用户对服务要求越来越高，越来越关注电池回收。政府和行业协会宜积极发挥领导作用，推动物流车产业链上游的车企和电池企业、下游的平台和维修企业与物流车使用企业合作，加强市场化的运作与产业链合作，提升全产业链服务保障能力。一是大力推动健全维保服务体系，鼓励大型车企、电池厂和关键零部件厂组成服务联盟，鼓励车企、运营商和经销商建设新能源汽车维修站，提升售后服务水平，完善新能源汽车服务站的标准，包括硬件设施和专业电工配置。二是尽快研究出台推动电池梯次利用的政策举措。三是针对纯电动物流车更换电池成本过高的问题，研究出台相关法规，允许纯电动物流车在电池衰减到一定程度后，可以通过加装增程器继续使用。

10. 政策上关注产品的安全性和一致性

在政策上，除了关注产品的性能指标（如能量密度、能耗等），应考虑产品的安全性和生产一致性，推动主机厂对安全性和可靠性的充分验证。另外，也要关注车联网、无人驾驶智能化、大数据平台等新技术的应用。

11. 建议引导新能源物流车多种技术应用发展

建议引导新能源物流车多种技术应用发展。推广应用纯电动物流汽车发展的同时，严格落实《关于在部分地区开展甲醇汽车应用的指导意见》，推动有资源和适当的地区使用甲醇汽车；推动有条件的地区使用燃料电池物流车。

12. 鼓励研发投入

根据我国上市传统车企的公开数据统计,2018年,企业对新能源汽车领域研发的平均投入为2.96亿元,新能源汽车领域研发投入占企业营业收入的平均比重为0.73%;对比我国新能源汽车市场的规模和政府补贴,投入严重不足。特斯拉2018年研发支出为14.6亿美元(96.7亿元人民币),占总收入的7%。根据PWC发布的2018年全球企业的研发支出榜单,我国所有的车企研发费用竟然还比不过丰田、大众。抛开体量不谈,在研发占比上,国内很多车企的研发占比不到5%,其中分摊到新能源汽车上的研发费用更少。建议政府参考大力鼓励企业研发投入。

6.4 新能源物流车发展趋势

1. 坚持纯电技术路线为主,面向市场,结合自身优势积极探索多种技术路线

技术路线方面,我们认为,纯电动是城市物流车的核心技术路线,对于运距相对较长、载重相对较大的工况,可以增程式技术路线为辅;混合动力作为节能优化手段,也不应被放弃。燃料电池汽车,虽然中短期内无法商业化,但其作为一条独立的技术路线将长期存在,而且目前已具备在特定区域、特定场景进行示范运行的条件。政策将会围绕促进节能减排的原则,更加强调安全性和质量一致性,倾向技术路线中立性。天然气汽车作为特定区域、特殊用途、特定领域的过渡性产品,在当前相关领域新能源汽车产品尚未满足市场化应用需求情况下,主要应用于城乡客运车、长途中重卡车等中大型车辆和中长距离的客运、物流运输等车辆。总之,新能源物流车应是多条技术路线同步发展,用户根据运营效果自主选择。

2. 通过电车分离降低用户成本,提升用户体验

动力电池方面,磷酸铁锂电池具有成本低、安全性好、寿命长等优势,且技术上仍有提升空间,是商用车电池的重要技术路线。现阶段针对补贴退坡的情况,企业购车成本增加,导致企业投入和购买的意愿降低。发改委等三部委再次提出,要推广车电分离以降低购车成本。因为在换电模式下,用户不用支付电池成本,导致购车成本降低40%。车电分离的换电模式具备可以能源补给速度快、降低购车成本、解决电池残值忧虑、消除充电焦虑、实现动力电池梯次利用等多优点。因此,换电模式值得推广应用。

3. 增强产品定制能力

物流车应用场景复杂多样，用户个性化需求多，关注总体拥有成本。车企将更关注改装定制能力。大规模定制能力将成为车企竞争的关键要素。在新的设计理念指导下，国外已经出现通用底盘和模块化上装设计、制造的物流车产品，显著地缩短了产品开发周期，实现了低成本、大规模定制化。可以预见，中国企业将会复制国外先进经验，大规模应用后改进创新。

4. 营销渠道变迁和营销创新

大型运营商渠道的萎缩、中小型运营商从租赁转型经销、传统渠道开始发力，营销渠道出现变迁的趋势。中国企业在线上销售和市场营销方面具有优势，未来会将线上营销、线上销售、线上服务与产品定制化相结合，创造新的营销模式。

5. 积极提升全产业链服务能力

为了在市场竞争中获胜，车企应直面发展中出现的产品质量问题，顺应用户对服务要求越来越高的形势，积极提升全产业链服务能力。一是在要大力推动健全维保服务体系，提升售后服务水平，完善新能源汽车服务站的标准，包括硬件设施和专业电工配置。二是主动解决用户电池更换和电池梯次利用的诉求。

6. 加大企业研发投入

政策的稳定性和可预期性将会大大加强，外资的竞争将会加强。为在新能源汽车的竞争中制胜，企业应加大研发投入。

附录 A
名称解释

1. 清洁能源汽车：以清洁能源取代传统汽油、柴油等燃料的环保低碳型汽车的统称，其特征在于能耗低、污染物排放少、环境友好，是汽车产业转型升级、交通系统绿色可持续发展的重要载体和抓手。

2. 新能源汽车：现阶段是指采用新型动力系统，完全或者主要依靠新型能源驱动的汽车，包括插电式混合动力（含增程式）汽车、纯电动汽车和燃料电池汽车等，未来按照国家权威部门要求进态调整。

3. 纯电动汽车：完全由电机驱动的汽车，电机的驱动电能来源于车载可充电电池系统或其他能量储存装置，符合道路交通、安全法规各项要求的车辆。

4. 插电式混合动力汽车：具有一定的纯电驱动续驶里程，可外部充电的新型混合动力汽车。其驱动原理、驱动单元与纯电动汽车相同，唯一不同的是，车上装备有一台发动机。可用纯电模式行驶，电池电量耗尽后再以混合动力模式（以内燃机为主）行驶，并适时向电池充电。

5. 增程式电动汽车：又称串联式混合动力汽车，是能外接充电电源和车载充电并由电动机直接驱动的车辆，其发动机输出的动力仅用于推动发电机发电。

6. 燃料电池汽车：燃料电池汽车是一种用车载燃料电池装置产生的电力作为动力的汽车。车载燃料电池装置所使用的燃料一般为高纯度氢气或含氢燃料经重整所得到的高含氢重整气。与通常的电动汽车比较，其动力方面的不同在于，燃料电池汽车用的电力来自车载燃料电池装置，电动汽车所用的电力来自由电网充电的蓄电池。

7. 天然气汽车：以天然气为燃料提供动力的汽车，主要分为压缩天然气（CNG）汽车和液化天然气（LNG）汽车。

8. 后补贴时代：后补贴时代是指国家取消新能源购置补贴后，新能源汽车发展从政策驱动和投资拉动阶段进入市场驱动为主、政策支持为辅，并逐渐过渡到完全依靠市场驱动的新阶段。后补贴时代前期仍然需要政策的支持，保证市场平稳过渡。

9. 零碳排放区：在特定区域内，社会生产和生活活动不产生碳排放。

10. 国六排放标准：2016 年 12 月，环境保护部、国家质检总局联合发布《轻型汽车污染物排放限值及测量方法（中国第六阶段）》（简称轻型车国六标准），自 2020 年 7 月 1 日起实施。轻型车国六标准规定了轻型汽车污染物排放第六阶段型式检验的要求、生产一致性和在用符合的检查和判定方法。生产企业有义务确保所生产和销售的车辆，满足本标准所规定的在用符合性要求。2018 年 6 月 22 日，环境保护部、国家质检总局发布《重型柴油车污染物排放限值及测量方法（中国第六阶段）》，自 2019 年 7 月 1 日起实施。

11. 网约出租车：以互联网技术为依托构建服务平台，整合供需信息，使用符合条件的车辆和驾驶员，提供非巡游的预约出租汽车服务的经营活动。

12. 轻型货车：载货汽车的一种。根据《机动车类型术语和定义》，轻型载货汽车是指车长小于 6 000 mm 且总质量小于 4 500 kg 的载货汽车，但不包括微型载货汽车和低速汽车（三轮汽车和低速货车的总称）。

13. 智能网联汽车：搭载先进的车载传感器、控制器、执行器等装置，并融合现代通信与网络技术，实现车与 X（人、车、路、云端等）智能信息交换、共享，具备复杂环境感知、智能决策、协同控制等功能，可实现安全、高效、舒适、节能行驶，并最终可实现替代人来操作的新一代汽车。智能网联汽车通常也称为智能汽车、自动驾驶汽车等，是未来汽车发展的主要方向之一。

14. 车电价值分离模式：消费者购买纯电动汽车整车后，电池产权将由电池管理公司回购，消费者以租赁的方式获得电池使用权，不需要承担电池的成本，每个月只需支付少许的租用费。

15. 换电模式：通过直接更换车载电池的方式补充电能的模式。集中型充电站对大量电池集中存储、集中充电、统一配送，并在电池配送站内为电动汽车提供电池更换服务。

16. 分时租赁：经营者使用符合要求的小微型车辆，通过移动互联网、全球定位等技术手段，以分钟或小时为计价单位，租借给承租人使用并获取收益的一种经营模式。分时租赁汽车是共享汽车的一种，主要使用 9 座及以下小微型新能源汽车，通过会员制提供新能源汽车的租赁服务。

17. 汽车融资租赁：汽车金融公司以汽车为租赁标的物，根据承租人对汽车和供货人的选择或认可，将其从供货人处取得的汽车按合同约定出租给承租人占有、使用，向承租人收取租金的交易活动（《汽车金融公司管理办法（银监会令 2008 年第 1 号）》，第五章、第三十五条）。

18. 减碳积分机制：鼓励个人主动减少生活中的碳排放，通过碳普惠、碳积分等机制，吸引个体排放源参与自愿减排交易，其核心是将消费者在出行、居住、购物等消费过程的碳减排效果量化和积分化，并利用积分兑换优惠、赠品、公共资源配置优先权等。

19. 非受限路权：交通法规定，一定空间和时间内，在道路上从事道路交通活动的权利，无受限或者受到较小限制。路权可分为上路行驶权、通行权、先行权、占用权。目前新能源汽车享有部分非受限路权，包括新能源汽车以绿色专用号牌区别于普通车辆，在区域内出行不受尾号限行限制，纯电动城市物流配送车入城不受限；新能源汽车凭有效牌（证）在行政区域内停车场（点）和时段停放，享受收费减免政策等。

20. 动力电池梯级回收利用：将从新能源汽车上退役的废旧动力蓄电池（或其中的蓄电池包、蓄电池模块、单体蓄电池）应用到其他领域的过程，可以一级利用也可以多级利用。例如，新能源汽车动力电池退役后用于低速汽车动力电池，而后可用于商业化通信基站等储能，再次退役后可用于电动工具等，直至最后回收拆解利用，形成完整闭合生态。

21. 运营补贴：在新能源汽车运营服务领域，对符合要求的企事业单位发放的资金补贴，主要包括充电基础设施建设和运营、新能源汽车使用和运营两方面。

22. 分时电价：将一天 24 h 划分为若干个时段，每个时段按系统运行的平均边际成本收取电费。通常在白天高峰时期电价处于高区间，夜间电价处于低区间。实行分时电价，有助于以市场机制降低新能源汽车用户的使用成本，使其自发在夜间电价低区间充电，并且起到电力用户移峰填谷、优化用电方式的作用。

23. 集中式充换电站：利用配置的大功率充电设备或专业的电池更换机械，为公交车、出租车、私家车等不同型号多台车辆提供常规充电、快速充电及电池更换等服务的综合电动汽车能量补给场所。按照形式，可以分为充电站、换电站和充换电站 3 类。

24. 微电网：由分布式电源、储能装置、能量转换装置、负荷、监控和保护装置等组成的小型发配电系统，包括直流微电网、交流微电网、交直流混合微电网、中压配电支线微电网、低压微电网。微电网的提出旨在实现分布式电源的灵活、高效应用，解决数量庞大、形式多样的分布式电源并网问题。开发和延伸微电网能够充分促进分布式电源与可再生能源的大规模接入，实现对负荷多种能源形式的高可靠供给，是实现主动式配电网的一种有效方式，使传统电网向智能电网过渡。

25. 多式联运：由两种及以上的交通工具相互衔接、转运而共同完成的运输过程统称为复合运输，也称为多式联运。多式联运是在集装箱运输的基础上发展起来的，这种运输方式并没有新的通道和工具，而是利用现代化的组织手段，将各种单一运输方式有机地结合起来，打破了各个运输区域的界限，是现代管理在运输业中运用的结果。

26. P+R停车场：停车换乘（Park and Ride）模式停车场，广义上是指在一次出行过程中为实现低载客率的交通方式向高载客率的交通方式转换所提供的停车设施。可以是小汽车、摩托车、自行车、步行方式，向地面公交、轨道交通、多人合乘车方式的转换。狭义指为实现私家小汽车向公共交通方式转换所提供的停车设施。两者分别是对停车换乘的广义和狭义的阐述。狭义的P+R可以理解为广义的P+R换乘形式之一。

27. PPP商业模式：政府和社会资本合作模式，是指政府与私人组织之间，为了提供某种公共物品和服务，以特许权协议为基础，在基础设施及公共服务领域建立的一种长期合作关系。通常由社会资本承担设计、建设、运营、维护基础设施的大部分工作，并通过使用者付费及必要的政府付费获得合理的投资回报；政府部门负责基础设施及公共服务价格和质量监管，以保证公共利益最大化。也是指政府公共部门与私营部门合作过程中，让非公共部门所掌握的资源参与提供公共产品和服务，从而实现合作各方达到比预期单独行动更为有利的结果。

28. 专精特新：在符合国家产业政策、技术政策和相关行业政策的前提下，具备一定的专业性、精益性、特色性和创新性的产业链、区域或企业集团。尤其是在市场、质量、效益或发展方式等方面处于区域或行业领先水平，具备先进性和示范性。

29. 汽车后市场：汽车从售出到报废的过程中，围绕汽车售后使用环节中各种后继需要和服务而产生的一系列交易活动的总称，是汽车产业链的有机组成部分。其内容主要包括汽车销售领域的金融服务、汽车租赁、保险、广告、装潢、维护、维修与保养，日常运行的油品，驾校、停车场、车友俱乐部、救援系统、交通信息服务、二手车等，整车与零部件物流等。

附录 B
2018~2019 年政策变化和解读

2019 年 3 月 26 日,财政部官方网站公布了《关于进一步完善新能源汽车推广应用财政补贴政策的通知》(财建[2019]138 号)。财政部也发布了《关于进一步调整完善新能源汽车补贴政策的解读》(下称官方解读),列出了 7 大调整思路和措施。

1. 补贴退坡加大幅度,有利于优胜劣汰

(1) 补贴政策变化要点

为了实现 2020 年前退坡到位,2019 年的政策继续在 2018 年政策的基础上退坡 50%。对商用车,中央政府采取分段释放调整压力的作法。

从附录表 1 可以看出,中央政府引入了专用车的载重类别。根据 GB/T 15089-2001,N1 类指最大设计总质量不超过 3 500 kg 的载货汽车;N2 类指最大设计总质量超过 3 500 kg,但不超过 12 000 kg 的载货汽车;N3 类指最大设计总质量超过 12 000 kg 的载货汽车。N1 类补贴上限从 10 万元降低到 2 万元,足见 N1 类别退坡幅度很大,此类车型多为电动微面和轻卡。N2 和 N3 补贴上限还保留在 5.5 万元以上,表明政府更加鼓励中重卡的电动化。

附录表 1　新能源商用车 2018、2019 年补贴对比

辆类	年份	中央财政补贴标准(元/kWh)	中央财政单车补贴上限(万元)		
			N1 类	N2 类	N3 类
纯电动	2018 年	30(含)kWh 以下部分:850 30~50(含)kWh 部分:750 50 kWh 以上部分:650	10		
	2019 年	350	2	5.5	
插混	2018 年	30(含)kWh 以下部分:850 30~50(含)kWh 部分:750 50 kWh 以上部分:650	10		
	2019 年	500	—	—	3.5

资料来源:《关于进一步完善新能源汽车推广应用财政补贴政策的通知》

(2) 官方解读

政府加大退坡力度,分阶段释放压力;按照 2020 年以后补贴退出的制度安排,为了使新能源汽车产业平稳过渡,采取分段释放调整压力的做法,即 2019 年补贴标准在 2018 年基础上平均退坡 50%,至 2020 年底前退坡到位;这一退坡比例与当前整车综合成本下降的比例基本适应。

(3) 行业反馈

总体而言,虽然官方已经申明 2020 年底前退坡到位,且对于长期从事新能源汽车行业的公司来说,该大幅度退坡都不意外。但是,这样的退坡可能会影响该行业的平稳发展,对中小型企业的要求过高,且对于依靠补贴赚钱的车企而言就是噩梦。

长期看好新能源汽车,并且对新能源汽车政策做了长期规划应对的企业,并不对退坡幅度感到意外。补贴对于新能源汽车产业的推动作用已经接近尾声,指望通过 2019 年补贴来赚钱的车企,必须作好应对补贴退出的规划。官方解读重申"至 2020 年底前退坡到位",2020 年新能源汽车应该还有一些补贴。

2. 指标进一步提升

(1) 补贴政策变化要点

动力电池能量密度和能耗指标都提升;乘数也被直接取消。

(2) 官方解读

政府坚持"扶优扶强",进一步优化技术指标,并且将补贴给更高标准的车辆。2019 年要求纯电动货车装载动力电池系统能量密度不低于 125 Wh/kg。插电式混合动力货车(含增程式)燃料消耗量(不含电能转化的燃料消耗量)与现行的常规燃料消耗量国家标准中对应限值相比小于 60%。同时,纯电动货车续驶里程不低于 80 公里。插电式混合动力货车(含增程式)纯电续驶里程不低于 50 公里。

(3) 行业反馈

自进入 2015 年以来,中国新能源汽车推广政策,从普惠制转向扶优扶强,特点之一就是不断提高补贴的技术标准,并且给更高标准的车辆 1.1 倍、1.2 倍补贴,鼓励提高技术水平。但是,电池能力密度要求的提高也带来了安全隐患。2018 年媒体曝光了多起新能源汽车失火事件。这些都值得反思,建议官方不要过度引导以免企业为了追求补贴而盲目提升电池能量密度。

3. 取消地补,转为支持基础设施建设和配套运营服务

(1) 补贴政策变化要点

地方应完善政策,过渡期后不再对新能源汽车(新能源公交车和燃料电池汽

车除外)给予购置补贴,转为支持充电(加氢)基础设施建设和配套运营服务等方面。地方继续给予购置补贴的,中央将对相关财政补贴作相应扣减。

(2) 官方解读

只要新能源客户具备装充电桩安全条件,国家会给予相关的安装补贴;国家会给予充电桩运营商相关的安装补贴和运营补贴;新能源厂家参与公共充电桩建设,对外开放并且接入政府的公共充电桩管理平台后,即可享受设备和运营补贴。

(3) 行业反馈

基础设施的建设是许多企业的痛点,也是顾客购买新能源物流车所须考虑的方面。此前充电基础设施的补贴多偏重于建设,此次涉及运营。此外,"加氢"不仅写入了政府工作报告,还在补贴政策中专门点出,目的是为了进一步刺激各地支持加氢站等设施建设。

4. 强化路权

(1) 补贴政策变化要点

从 2019 年起,符合公告要求但未达到 2019 年补贴技术条件的车型产品也纳入推荐车型目录。

(2) 官方解读

强化非补贴政策作用,鼓励新能源汽车消费。地方出台的不限行、免限购和上牌便利等非补贴措施,对扩大新能源汽车消费发挥了重要作用。针对有些地方将上述措施与推荐车型目录挂钩的情况,为了鼓励新能源车消费,自 2019 年起,新政策规定对符合汽车产品公告要求但达不到补贴技术门槛的产品,纳入推荐车型目录。

(3) 行业反馈

这是一个有益的创新,也可能是 2020 年之后的常态,即新能源汽车可能不再享受补贴,但可以享受差别出行政策。推荐目录不再作为有无补贴的标准,而作为能否享受出行政策的标准。有可能促使车企开发在补贴技术要求之下的新能源车型。

5. 设置过渡期加强监管

(1) 补贴政策变化要点

新能源汽车生产、销售企业也应该按照汽车的管理要求生产销售。该通知从 2019 年 3 月 26 日起实施,2019 年 3 月 26 日至 2019 年 6 月 25 日为过渡期。

(2) 官方解读

政府进一步加强安全性和一致性监管,由行业主管部门加快建立产品安全监控和"一致性"抽检常态机制。由于产品质量引发重大安全事故，或经有关部门认定存在重大质量缺陷的车型，暂停或取消推荐车型目录，并相应暂缓或取消财政补贴。

（3）行业反馈

此项政策已经被强调了多次，并无新意。此前新能源汽车产品质量问题，包括引发安全事故的重量问题并不在少数，但没有哪家车企因此被暂停或取消推荐车型目录，或者取消财政补贴。不能因为政府支持，新能源汽车就成为管理的法外之地。原本的汽车监管体制，应该对新能源汽车一视同仁。该过渡期有利于车企消化库存，避免对企业产销造成影响。

附录 C
纯电动轻卡和传统柴油轻卡 TCO 对比

目前,已有超过 25 个一、二线城市出台了专门的新能源汽车路权政策。随着一系列的中央政策出台,要求各地不得对新能源汽车实行限行、限购,并要求已实行的应当取消。北京、上海等城市也将陆续放开路权。(北京市新能源物流配送车辆优先通行工作实施方案)。

购置补贴已经取消,政策向充电设施补贴、车辆运营补贴等配套政策方向倾斜,而交通管制方面的便利政策是至关重要的配套政策,未来将会有越来越多的城市放开路权,新能源汽车的通行将更加便利。

附录表 2 纯电动轻卡和传统柴油轻卡 TCO 对比

序号	地区	政策利好等级	通行优惠政策				文件资料		
			是否有新能源路权政策	是否限外地车	限外情况	电动车是否限行	政策要点	《文件全名》(编号)	原文件网址	政策有效期
0	发改委	☆☆☆☆☆☆☆	—	—	—		各地不得对新能源汽车实行限行、限购,已实行的应当取消	《推动重点消费品更新升级 畅通资源循环利用实施方案(2019—2020年)》(发改产业〔2019〕967号)	http://zfxxgk.ndrc.gov.cn/web/iteminfo.jsp?id=16195	

续表

序号	地区	政策利好等级	是否有新能源路权政策	是否限外地车	限外情况	电动车是否不限行	通行优惠政策要点	《文件全名》(编号)	原文件网址	政策有效期
1	深圳	☆☆☆☆☆	有	否	/	是	1.已完成电子备案、接受监管的新能源纯电动轻、微型货车，除周五7时30分至21时禁止通行深南大道（深南立交至香梅路段）、滨河立交至香梅大道除外，允许在深圳市其余道路行驶。2.工作日7时至10时、15时至20时禁止非本市核发机动车号牌载客汽车及本市营运载货汽车在高速公路及主要干道通行措施限制。自2019年1月1日至2019年6月30日有效。3.2018年7月1日起,在十个行政辖区各选一个片区试点打造深圳"绿色物流区"，总面积达22.33 km²，占全市面积(1996.85 km²)的约1.1%左右,全天禁止轻型柴油货车行驶,只允许电动货车进入	《新能源纯电动物流车电子备案规程》深公交〔2019〕189号；《关于对新能源纯电动货运车继续实施通行优惠政策的通告》深公交〔2019〕147号；《继续设置"绿色物流区"禁止轻型柴油货车通行的通告》深公交〔2019〕152号	http://szjtj.sz.gov.cn/ZWGK/TZGG/GGJG/201906/t201906 13_17887447.htm; http://ga.sz.gov.cn/ZWGK/QT/GSGG/201906/20190614_17892485.htm	2019年2月16日至2019年8月15日；2018年12月20日至2019年12月19日；2019年7月1日至2019年12月31日
2	成都	☆☆☆☆☆	有	否	/	是	新能源汽车在本市域内出行不受尾号限行限制,3年内逐步取消燃油货运车辆入城证发放,以后只有新能源货车能进城,有效期至2019年12月31日	《成都市支持新能源汽车推广应用的若干政策》；《成都市公安局关于发布成都市2019年度货车运营车城区道路使用权发行通告》	http://gk.chengdu.gov.cn/govInfoPub/detail.action?id=91965&tn=6; http://www.cdjg.gov.cn/Html/News/20181129/content_14_1100031562.html	有效期至2019年12月31日；2019年1月21日起至2019年12月31日
3	太原	☆☆☆☆☆	有	否	/	是	新能源号牌车辆不限行,未更换新能源号牌的新能源车辆等同于普通号牌车辆管理			
4	西安	☆☆☆☆	有	否	/	是	新能源货车不受最新换发新能源号牌措施限制,新能源货车不受《货车禁行通告》的束缚,可以"全时段"在城区道路上通行	《关于实施工作日机动车尾号限行交通管理措施的通告》		2019年3月18日至2020年3月13日

续表

序号	地区	政策利好等级	是否有新能源路权政策	是否限外地车	限外情况	电动车是否不限行	政策要点	《文件全名》（编号）	原文件网址	政策有效期
5	合肥	☆☆☆☆☆	有	否	/	是	电动物流用车可在城区地面道路行驶			
6	厦门	☆☆☆☆☆	有	否	/	是	2018年起不对新能源货车实施限行（危险化学品及剧毒化学品运输车辆仍然按照原有限行规定执行），悬挂新能源号牌的货车免于办理货车通行证，不受现有货车限行路段、限行时段的限制			
7	南宁	☆☆☆☆☆	有	否	/	是	新能源汽车在设有主路和辅路的城市快速路的禁止通行范围内可以通行。其他限行区域依然受到限制	《关于加强南宁市城市道路交通管理的通告》		
8	安阳	☆☆☆☆☆	有	否	/	是	科学核定城市配送车辆通行证数量，对新能源货车不限行	《安阳市推进运输结构调整工作行动方案》	http://www.anyang.gov.cn/sitegroup/root/html/ff8080812b8fc534012b9a7c13571cbd/201903141047534 27.html	
9	洛阳	☆☆☆☆☆	有	否	/	是	对悬挂新能源专用号牌的新能源汽车实行差别化交通管理措施，此类车辆不受缓解交通拥堵和尾气排放等限行措施影响	《洛阳市新能源汽车推广应用专项实施方案》	http://www.lygxj.gov.cn/NewsDetails_ZT.aspx?ID=78	
10	南昌	☆☆☆☆☆	有	否	/	是	本地推广应用的新能源汽车在市内行驶时不受尾号限制，对从事城市配送的新能源物流车发放通行证。新能源汽车在道路及公共停车场站减半收取停车费	关于印发《2018年南昌市新能源汽车推广应用奖励办法》的通知（洪新汽办〔2019〕3号）	http://www.wl.nc.gov.cn/News.shtml?p5=70990	至2020年12月31日
11	济南	☆☆☆☆☆	有	否	/	是	自2019年6月19日起，在全市范围内解除多用途货车（皮卡车）和悬挂新能源机动车号牌的轻型、微型载货汽车城市道路限行措施	《济南市公安局交通警察支队关于解除多用途货车（皮卡车）和轻型、微型新能源载货汽车城市道路限行情况的通告》	http://jngaa.jinan.gov.cn/art/2019/6/19/art_22175_3038135.html	

续表

序号	地区	政策利好等级	是否有新能源路权政策	是否限外地车	限外情况	电动车是否不限行	政策要点	《文件全名》(编号)	原文件网址	政策有效期
12	海口	☆☆☆	有	否	海秀快速路全路段24小时禁止通行	否	新能源货车除海秀快速路全路段24小时禁止通行外,其他时间和路段不受交通行限制	《海口市公安局交警支队关于进一步规范货车通行的通告》	http://szb.hkwb.net/szb/html/2019-06/24/content_382877.htm	
13	襄阳	☆☆☆	有	否	/	是	禁止、限制货车通行区域和路段,消防车、救护车、工程救险车辆(指警车、消防车、救护车、工程救险车)、新能源派车及轻型封闭货车、皮卡轻型货车除外	《襄阳市人民政府关于在市区道路实行货车禁车通行管理的通告》	http://www.xf.gov.cn/zsxx/zxgg/201908/t20190820_1819266.shtml	有效期为3年
14	南京	☆☆	有	是	外地牌新能源车不发通行证、城区禁行	是	所有货车进市区需要发放通行证才可以通行,本地新能源车直接发放通行证,不受禁行限制。2020年底前新增的禁通行证及2020年后所有的禁区通行证,只向新能源汽车发放	《南京市打造新能源汽车产业地标行动计划》	http://www.njec.gov.cn/njsjhxxhwyh/201901/t20190104_1364342.html	
15	上海	☆☆	有	是	外环以内外地牌货车限行	是	持有上海市通行证的纯电动货车不受限制,除了在设有货运车禁通行令标志的道路(含高架道路)			
16	苏州	☆☆	有	是	古城区外地货车限行	是	纯电动新能源货运汽车100%发放通行证			
17	天津	☆☆	有	是	外环线(不含)以内外地牌货车限行	是	本市核发号牌的纯电动轻型、微型厢式载货汽车和纯电动轻型、微型封闭载货汽车,持有本市公安交通管理部门核发的专用通行证的,不受外环线(不含)以内道路每日7时至22时载货车区域通行措施限制,但不得在全市域范围内(外环线除外)设有载货汽车禁止通行交通标志的路段通行	《天津市公安局关于继续实施机动车限行管理措施的通告》	http://gn.tj.gov.cn/xzgg/2019-04-03/detail-vhiqaw9749832.shtml?bsh_bid=4334755710	

附录C 纯电动轻卡和传统柴油轻卡 TCO 对比 | 169

续表

序号	地区	政策利好等级	是否有新能源路权政策	是否限外地车	限外情况	电动车是否不限行	通行优惠政策 政策要点	文件资料 《文件全名》《编号》	文件资料 原文件网址
18	贵阳	☆☆☆	有	是	外地牌一环内限行	是	外环以内外地牌货车限行	/	/
19	郑州	☆☆☆	有	是	城区部分地方外地牌货车限行	是	电动货车不受郑州市机动车尾号限行管理措施约束，总质量 3.5 吨以下的纯电动封闭或者全部时间段可以行驶四环路（含）以内的高架桥上与桥下路段	《郑州市公安局等四局委关于进一步规范入市载货汽车管理的通告》	http://public.zhengzhou.gov.cn/02Q/130583.jhtml
20	武汉	☆☆☆	有	是	城区部分地方外地牌货车限行	是	部分区域新能源货车不限行，部分区域全日禁止新能源货车通行，部分区域不限行	《关于加强我市载货汽车交通管理的通告》武公交规〔2019〕81号》	http://jgj.wuhan.gov.cn/jttg/42820.jhtml?from=timeline&isappinstalled=0
21	长沙	☆☆☆	有	是	/	是	2019 年 6 月 25 日后，申领了长沙市的新能源汽车专用号牌的微、轻型纯电动载货汽车，除万家丽路高架桥全天 24 小时禁止通行外，其他区域不限行	《长沙市关于对新能源纯电动载货汽车放宽通行交通措施的通告》	https://baijiahao.baidu.com/s?id=1637235611943247402 8&wfr=spider8&for=pc
22	重庆	☆☆☆	有	是	市区外地牌货车限行	/	对使用新能源专用号牌且最大设计总质量不超过 4.5 吨的渝籍牌照载货汽车发放入城市区货车通行证。对纳入城市配送体系或者更新替换传统能源的目最大设计总质量不超过 3.5 吨的新能源货车，发放绿色通行证	《重庆市支持新能源汽车推广应用政策措施（2018—2022 年）》	http://yc.cq.gov.cn/zfgk/zc-wj/szwj/201812/t20181227_481457.html
23	北京	☆☆☆	有	是	六环以内外地牌货车	是	持证新能源载货车除 7～9 时和 16～19 时外，持证汽柴油货车除 7～10 时和 16～20 时外，可通行五环路（不含）以内未设置货车禁行标志的道路	《北京市新能源物流配送车辆优先通行工作实施方案》	http://www.evpartner.com/news/12/detail-46947.html
24	无锡	☆☆☆	无	否	/	/	/	/	/
25	常州	☆☆☆	无	否	/	/	/	/	/

续表

序号	地区	政策利好等级	是否有新能源路权政策	是否限外地车	限外情况	通行优惠政策			文件资料		
						电动车是否不限行	政策要点		《文件全名》(编号)	原文件网址	政策有效期
26	镇江	☆☆☆	无	否	/	/	/		/	/	
27	扬州	☆☆☆	无	否	/	/	/		/	/	
28	淮安	☆☆☆	无	否	/	/	/		/	/	
29	泰州	☆☆☆	无	否	/	/	/		/	/	
30	宁波	☆☆☆	无	否	/	/	/		/	/	
31	绍兴	☆☆☆	无	否	/	/	/		/	/	
32	南通	☆☆☆	无	否	/	/	/		/	/	
33	绍兴	☆☆☆	无	否	/	/	/		/	/	
34	嘉兴	☆☆☆	无	否	/	/	/		/	/	
35	昆明	☆☆☆	无	否	/	/	/		/	/	
36	东莞	☆☆☆	无	否	/	/	/		/	/	
37	惠州	☆☆☆	无	否	/	/	/		/	/	
38	株洲	☆☆☆	无	否	/	/	/		/	/	
39	湘潭	☆☆☆	无	否	/	/	/		/	/	
40	柳州	☆☆☆	无	否	/	/	/		/	/	
41	大连	☆☆☆	无	否	/	/	/		/	/	
42	廊坊	☆☆☆	无	否	/	/	/		/	/	
43	潍坊	☆☆☆	无	否	/	/	/		/	/	

续表

序号	地区	政策利好等级	是否有新能源路权政策	是否限外地车	限外情况	电动车是否不限行	政策要点	《文件全名》(编号)	原文件网址	政策有效期
44	济宁	☆☆☆	无	否	/	/	/	/	/	/
45	临沂	☆☆☆	无	否	/	/	/	/	/	/
46	青岛	☆☆☆	无	否	/	/	/	/	/	/
47	南昌	☆☆☆	有	否	/	/	/	/	/	/
48	广州	☆☆	无	是	市区外地牌货车限行	/	/	/	/	/

附录 D
各地新能源物流车政策汇编目录

一．深圳

（一）深圳市推进城市配送发展五年行动计划（2016—2020 年）

（二）关于对新能源纯电动物流车继续实施通行优惠政策的通告

（三）深圳市 2018 年新能源汽车推广应用财政支持政策

（四）深圳市纯电动物流配送车辆运营资助项目申报指南

（五）关于对新能源纯电动物流车继续实施通行优惠政策的通告

（六）关于实施新能源汽车道路临时停放当日首次（首 1 小时）免费的通告（征求意见稿）

（七）深圳市公安局交通警察局与深圳市人居环境委关于继续对异地号牌载货汽车实施限制通行措施的通告

（八）关于加强新能源纯电动货车运营安全的紧急通知

（九）关于继续设置"绿色物流区"禁止轻型柴油货车通行的通告

（十）深圳市新能源汽车充电设施管理暂行办法

（十一）深圳市发展和改革委员会关于开展全市新能源汽车充电设施信息调查统计及协助提供建设审批（备案）程序相关材料的通知

（十二）深圳市 2016 年新能源汽车推广应用财政支持政策

（十三）深圳市 2017 年新能源汽车推广应用财政支持政策

（十四）深圳市公安局交通警察局关于继续施行《新能源纯电动物流车电子备案规程》的通告

（十五）关于实施新能源汽车道路临时停放当日首次（首 1 小时）免费的通告（征求意见稿）

（十六）2018 年"深圳蓝"可持续行动计划通知

二．成都

（一）成都市新能源汽车充电设施市级补贴实施细则（暂行）

(二)成都市支持新能源汽车推广应用的若干政策
(三)关于我市电动汽车充电服务费有关问题的通知
(四)关于新能源汽车停车收费实施减免的通知
(五)成都市新能源汽车三年推广应用实施方案
(六)成都市电动汽车充换电基础设施建设专项规划
(七)关于 2018 年度货运汽车城区道路行驶证管理的通告
(八)成都市新能源汽车市级补贴实施细则

三．北京
(一)北京市推广应用新能源汽车管理办法
(二)北京市"十三五"时期物流业发展规划
(三)《北京市小客车数量调控暂行规定》实施细则(2017 年修订)
(四)《北京市示范应用新能源小客车财政补助资金管理细则》(修订)
(五)关于进一步加强电动汽车充电基础设施建设和管理的实施意见
(六)关于纯电动小客车不受工作日高峰时段区域限行措施限制的通告
(七)关于印发 2018－2019 年度北京市电动汽车社会公用充电设施运营考核奖励实施细则的通知
(八)北京市新能源物流配送车辆优先通行工作实施方案
(九) 2018 年度第一批符合环保排放标准车型目录的公告
(十) 北京市推广应用新能源汽车管理办法

四．上海
(一)关于本市促进新能源汽车分时租赁业发展的指导意见
(二)上海市交通委等关于支持新能源货运车推广应用的通知
(三)上海市鼓励电动汽车充换电设施发展扶持办法
(四)关于组织申报 2016 年度上海市新能源汽车专项资金项目的通知
(五)上海市电动汽车充电基础设施专项规划(2016－2020 年)
(六)上海市鼓励购买和使用新能源汽车暂行办法
(七)关于 2018 年度上海市鼓励购买和使用新能源汽车相关操作流程的通知
(八)上海市燃料电池汽车推广应用财政补助方案

五．西安
(一)西安市人民政府办公厅关于印发进一步加快新能源汽车推广应用的实施方案的通知
(二)西安市新能源汽车生产销售企业及产品审核备案暂行规定

(三)西安市电动汽车充电基础设施建设运营管理实施意见

(四)西安市新能源汽车推广应用地方财政补贴资金管理暂行办法

六．郑州

(一)郑州市人民政府关于印发郑州市鼓励新能源汽车推广应用若干政策实施细则的通知

(二)郑州市新能源汽车替代专项行动方案(2019—2020)

七．杭州

(一)杭州市新能源汽车推广应用财政补助暂行办法

(二)杭州市小客车总量调控管理暂行规定

(三)杭州市人民政府关于印发2017—2018年杭州市新能源汽车推广应用财政支持政策的通知

(四)杭州市小客车总量调控管理暂行规定

八．苏州

(一)2018年苏州市新能源汽车推广应用财政补贴实施细则

(二)关于下达2018年新能源汽车推广应用和充电设施建设目标的通知

(三)关于做好2018年新能源汽车推广应用市级财政补贴资金清算工作的通知

(四)市政府办公室关于转发2018年苏州市新能源汽车推广应用财政补贴实施细则的通知

附录 E
2019 年中国绿色车队

什么是"绿色"车队？对于公路货运业务，无论是租赁、私人或自有车队，可能意味着很多事情：使用新型电动、混合动力、增程式或清洁替代燃料汽车降低尾气排放；使用可再生燃料，充分利用稀缺的自然资源；提高燃油效率或提高运输效率以减少运输里程来减少温室气体排放；建设节能设施或利用太阳能或风能提供电力的设施；回收利用。

我们梳理各种提名、新闻报道，关注车队对可持续性发展的长期承诺，也特别关注新的举措，寻找那些在行业中扮演领导角色，参与试点项目和测试新技术，并与他人分享所学知识的公司。

以下 10 家公司是我们确定的 2019 年的领导者。它们按首字母顺序排列。

你认为贵公司有资格成为中国顶级绿色车队吗？发一封电子邮件至 nfo@qian-ming.com，介绍情况，说明理由，我们会把贵公司纳入明年的评选。

1. 北京中城新能源
2. 八匹马租车
3. 传化慧联
4. 地上铁租车
5. 京东物流
6. 顺丰速运
7. 上海捷泰新能源汽车
8. 深圳智通汇达新能源汽车
9. 西安马帮城配
10. 圆通速递

附录 F
国家电投换电重卡及应用介绍

为打赢污染防治攻坚战，从源头遏制空气污染源，提升城市空气环境质量，国家电投集团控股企业融和电科聚焦绿色交通、绿色金融，联合生态圈合作伙伴，共同推动交通领域电能替代，融合"能源网、交通网、信息网"，成功研发全球首创智能换电重卡及完整的重卡充换电解决方案，并实现正式商业化投运。

目前全国内燃机重卡和燃油工程机械保有量达到 600 多万辆，每辆重卡的污染排放指标相当于 300 辆乘用车的总量。内燃机重卡等已成为化石能源消耗大户和主要空气污染源。大力推动重卡领域的电动化，有利于从根源上保障"蓝天保卫战"的胜利。

1. 推进换电重卡产品研发

2018 年末，国家电投旗下融和租赁牵头华菱星马、特百佳动力、上海玖行等企业，完成全球首款换电重卡的研发。该款换电重卡牵引车为 6×4 驱动模式，整备质量为 11 t，最大牵引质量为 38 t，整车电量为 322 KWh，续航里程达到 200 公里。首次采用智能吊装式换电模式，5 min 内完成整车换电，实现了重卡细分领域的技术和商业模式创新。

为了加强对换电重卡等创新产品的投入，融和租赁联合宁德时代、云南能投、华菱星马等合作伙伴，组建专注于新能源交通领域的平台——融和电科。融和租赁（融和电科）形成了"电动重卡、能源补给、运营管理、金融服务"一体化绿色运力综合解决方案，换电重卡成功投运于港口、码头、露天煤矿、干线物流等领域。2019 年 5 月 10 日，中央电视台财经频道《经济信息联播》对国家电投集团换电重卡进行了报道。

2. 推进换电产品扩大应用

融和电科联合华菱星马、北奔重汽、宁德时代、特百佳动力、上海玖行、挚达科技等新能源汽车生态圈合作伙伴，推进换电重卡产品的迭代，扩大换电产品在不同交通工具中的应用。目前已开发完成 6x4 牵引车、4x2 牵引车及 8x4 自卸车三类六款主打换电车型,以及四代全自动无人值守换电站的研发。同时加强在高频场景、极端工况下的测试运营。

目前,产品在北京、上海、邯郸、临汾、张家港、绥阳、西安等多地的港口、钢厂、电厂、矿区、公铁联运等典型场景完成实地测试。车辆真实运营场景累计测试里程达到 5 万公里,并在专业车辆试验场内顺利完成 10 000 公里 70 吨总重军车级高强度耐久测试。

根据预测,若使用换电重卡代替柴油重卡,按 100 万辆规模,每年可减少二氧化碳排放 3 961 万吨、减少污染物排放 346.5 万吨,即相当于每年减少碳排放 1 080 万吨,产生巨大的生态环保效益。

3. 换电产品优势

① 降低车辆使用成本:

类型	维修保养成本 (发动机等主要部件)	其 他
柴油方案	高,且逐年增加	(1) 政府对柴油车的管制趋严 (2) 柴油价格逐年上涨
LNG 方案	高,且逐年增加	(1) 气罐的维护成本较高,且逐年增加 (2) 天然气价格逐年上涨
电动方案	低	(1) 电池及其他核心零部件成本逐年下降 (2) 电力成本预计有所下降

② 保证高效运营效率。整个换电过程小于 5 min,提供堪比加油的充能效率,结合不同的应用场景,对换电站进行合理规划和布局,解决司机里程焦虑。

③ 降低初始投资成本。充电版纯电动重卡因电池成本高,整车售价往往高于传统柴油车 2~3 倍,运力企业负担压力大。而换电重卡将车辆和电池资产物理切割,真正实现了"无动力车身销售/租赁+动力电池销售/租赁/换电服务"等多种灵活组合的车电分离业务模式创新,去除电池后的无动力车身价格基本与油车价格持平,大幅降低了企业使用电动重卡的初始投资压力。

④ 电量配置灵活调配。根据不同应用场景和工况,匹配不同电量的电池包方案,在同一辆车上实现装载不同电量的电池,降低车身自重,提高电池资产的有效利用。

⑤ 充电过程安全可控。充电集中管理,充电环境可控,更加安全,同时延长电池使用寿命,提升动力电池的梯次利用价值。

⑥ 集约利用公共资源。换电站占地面积小,节约土地资源,充电方式平稳

可控,对电网更加友好。

4. 换电重卡在北京矿山领域的应用案例

当前针对北京砂石公铁联运市场,融和电科联合北京公铁绿链多式联运股份公司(北京公铁绿链公司)开展了换电集装箱重卡的商业化规模应用。该项目以智能换电重卡和电动工程机械为载体,将矿山开采、加工、废料回收等过程完全电动化,从矿山开采到砂石骨料加工,从砂石骨料使用到废料回收,以及上、下游企业途中的联络运输整条供应链,实现电动化改造。

具体来说,各流程所使用的车辆和部分工程机械,由原有的传统燃油产品更改为新能源产品。在上、下游企业内,建设充电站,满足内部生产流程的短驳;建设换电站,满足间隔距离在新能源车额定运输距离范围之内的上、下游企业的联络运输。采用运量大、成本低、稳定性高的"公转铁"方式,实现该供应链中的中、长途运输。

2019年11月,首座重卡专用换电站在北京密云区建成投运,首台换电车型和砂石专用集装箱投入运营,单次换电时间仅需3 min,实现该业务场景场内外物流运输的全面电动化及高效运行,形成标杆效应。

预计2020年3月15日前,将有共260辆换电重卡在密云矿山运营,确保矿山每天生产的砂石骨料高效运送到100公里外、位于北京市东北角区域的混凝土公司。2020年1月,该项目还将打通与京铁物流的合作,建立密云巨各庄至大兴黄村的铁路专用线,开展年发送量100万吨的砂石料集装箱班列运输,两端以换电重卡接驳,实现全链条砂石绿色公铁联运。

短期内,该项目计划配合完成北京市政府"公转铁"量化指标的全面落实,实现北京市五环内砂石运输全部新能源化,并以智能网联等科技手段,协助政府交建部门建立新能源运输实时监控平台。

长期来看,该项目计划推动全市建材乃至其他大宗商品运输的新能源化,为国家、交通部、建材行业树立环保示范标杆,并将该模式在雄安、京津冀乃至全国大规模复制推广。

5. 换电重卡产品的局限性

① 场景选择。由于电动重卡载重大,续航能力有限,考虑到整体商业模式经济性,过度加大电池容量会增加整车自重和投资负担。因此即使匹配高效的换电站系统,换电重卡可保障具备经济性的应用场景暂时仍主要聚焦于中低速重载的短倒运输场景。

② 充换电站选址。换电重卡的推广需要结合重卡物流运输线路,选择核心枢纽位置布局充换电站,并需提供低成本的供电(包括充足电力容量)、通信等相

关配套保障。

③ 成本控制。换电重卡"车电分离"模式的核心在于无动力车身和电池分离运营。无动力车身可销售、可租赁；动力电池可销售、可租赁，还可以按电池用电量收费。这就大幅降低了客户使用电动重卡的进入门槛，并且获得了堪比加油的高效服务体验。但换电模式下必然要求投资方增加一定比例的备用电池投资和充换电站投资，该部分额外投资折合成的用电成本与随车电池租金成本、基本购电成本一并构成了客户的用能成本，因此控制并持续优化换电重卡及充换电站整体供应链成本及基本购电成本，是换电重卡大规模商业应用的关键因素。目前换电重卡的整体后期用能成本已普遍低于传统燃油车加油成本，甚至部分超重载的场景用电成本比用油成本低10%～20%。随着整车和换电站规模化生产降价，以及未来的电池的进一步降价，若换电重卡全生命周期使用成本能够进一步优化，届时换电重卡的经济性将更加明显。

感谢下列单位对调研的支持

上海科泰电源股份有限公司
上海精虹新能源科技有限公司
苏州奥加华新能源有限公司
深圳市新能源汽车应用推广中心
顺丰控股股份有限公司
北京中城新能源物流有限公司
浙江传化绿色慧联物流有限公司
万帮新能源投资集团有限公司（星星充电）
陕西马帮物流科技有限公司
杭州华速新能源汽车有限公司
凯博易控驱动（苏州）股份有限公司
到家集团快狗打车
浙江万马奔腾新能源产业集团
深圳市智通汇达新能源汽车有限公司
西安市新能源汽车产业协会
成都雅骏新能源汽车有限公司
陕西秦星汽车有限责任公司
成都新能源汽车产业推广应用促进会

图书在版编目(CIP)数据

中国新能源物流车发展报告:2019 版/《中国新能源物流车发展报告》编委会,物流信息互通共享技术及应用国家工程实验室,上海谦鸣企业管理咨询著. —上海:复旦大学出版社,2019.12
(新能源物流车蓝皮书)
ISBN 978-7-309-14783-4

Ⅰ.①中… Ⅱ.①中… ②物… ③上… Ⅲ.①新能源-物流-汽车工业-产业发展-研究报告-中国-2019 Ⅳ.①F426.471

中国版本图书馆 CIP 数据核字(2019)第 284719 号

中国新能源物流车发展报告:2019 版
《中国新能源物流车发展报告》编委会
物流信息互通共享技术及应用国家工程实验室　著
上海谦鸣企业管理咨询
责任编辑/张志军

复旦大学出版社有限公司出版发行
上海市国权路 579 号　邮编:200433
网址: fupnet@ fudanpress.com　http://www.fudanpress.com
门市零售: 86-21-65642857　团体订购: 86-21-65118853
外埠邮购: 86-21-65109143
上海丽佳制版印刷有限公司

开本 787×1092　1/16　印张 13.25　字数 226 千
2019 年 12 月第 1 版第 1 次印刷

ISBN 978-7-309-14783-4/F·2659
定价: 52.00 元

如有印装质量问题,请向复旦大学出版社有限公司发行部调换。
版权所有　侵权必究